Cem Özdemir (Hrsg.)

Abenteuer Vorlesen

Ein Wegweiser für Initiativen

edition Körber-STIFTUNG

Bibliografische Information Der Deutschen Bibliothek

Die Deutsche Bibliothek verzeichnet diese Publikation in der
Deutschen Nationalbibliografie; detaillierte bibliografische Daten
sind im Internet über http://dnb.ddb.de abrufbar

3. Auflage 2003
© edition Körber-Stiftung, Hamburg 2002
Redaktion: Karin Haist M. A.
Umschlag: Groothuis, Lohfert, Consorten | glcons.de
Herstellung: Das Herstellungsbüro, Hamburg
Druck und Bindung: Fuldaer Verlagsagentur
Printed in Germany
ISBN 3-89684-036-3

Alle Rechte vorbehalten

www.edition-koerber-stiftung.de

Inhalt

Bücher öffnen Welten
VORWORT VON CEM ÖZDEMIR 9

Am Anfang war die Idee ...
EINLEITUNG VON CARMEN STÜRZEL 15

Lesewelt e.V. in Berlin
VON GILDA PETZOLD UND CARMEN STÜRZEL 23

Vorlesen live 25
Am Küchentisch entsteht ein Verein 26
Das ist Lesewelt 27
>> *Stimmen von Eltern der Berliner Vorlesekinder* 29
Chronik einer Erfolgsstory 31
>> *Erfahrungen einer Vorleserin* 41

Die Welt des Lesens
VON GILDA PETZOLD 43

Leseförderung als gesellschaftspolitische Aufgabe 45
Lesen ist für alle gut oder Wie einem Gespenst der Kampf angesagt wird 47
>> *Stimmen von Berliner Vorlesekindern* 52
Lesefrühförderung durch Bilderbücher 53
>> *Interview mit der Kinderbuchautorin Cornelia Funke* 55
>> *Interview mit Klaus Ring von der Stiftung Lesen* 59

Vorlesen – ein Abenteuer
VON GILDA PETZOLD   65

Lesesozialisation – Orte des Lesens und Vorlesens   67
>> *Interview mit der Bibliotheksleiterin Heidrun Hübner-Gepp*   70
Vorlesen ist nicht gleich Vorlesen: So kann es gelingen   73
>> *Interview mit dem Kinderbuchautor Otfried Preußler*   76
Stolpersteine und wie sie aus dem Weg geräumt werden   79
>> *Interview mit Sibylle Bartscher vom Börsenverein des Deutschen Buchhandels*   81

Vorlesen als Baustein zur Integration
VON GILDA PETZOLD   85

Was hat Vorlesen mit Integration zu tun?   87
>> *Interview mit der Berliner Ausländerbeauftragten Barbara John*   89
Die Bedeutung von Sprache und Bildung für die Integration   91
>> *Beobachtungen der Kreuzberger Vorschullehrerin Bärbel Weigel*   95
Herkunft und Muttersprache nicht ignorieren   96
>> *Interview mit Ertuğrul Mut vom Türkischen Elternverein Berlin-Brandenburg*   99

Freiwilliges Engagement mit Gewinn
VON GILDA PETZOLD UND CARMEN STÜRZEL   105

Das »Ehrenamt« im Wandel   107
Freiwilliges Engagement bei Lesewelt   109
>> *Porträt einer Vorleserin*   113
>> *Statement von Thomas Kegel, Akademie für Ehrenamtlichkeit*   116
Lesewelts Vorleserinnen   118
>> *Stimmen von Berliner Vorleserinnen*   119

Nachmachen erwünscht! Ein Leitfaden für Vorleseprojekte
Von Gilda Petzold und Carmen Stürzel   123

Erste Schritte   125
>> *Statement von Carola Schaaf-Derichs, Treffpunkt Hilfsbereitschaft*   130
>> *Interview mit der Berliner Bibliotheksleiterin Manuela Werner*   134
Die Arbeitsbereiche einer Leseinitiative   135
Wahl der Organisations- und Rechtsform   142
>> *Interview mit Elizabeth Segel, Gründerin von Beginning with Books*   148

Lies mir vor – gleich!
Ein Blick auf amerikanische und englische Erfahrungen
Von Christine Brinck   153

Neue Welt der Bücher.
Leseinitiativen aus den USA und andere »usable ideas«
Von Karin Haist   163
>> *Porträt eines Leseprojekts des California Council for the Humanities*   174

Es lohnt sich!
Schlusswort von Gilda Petzold und Carmen Stürzel   177

Das hilft weiter: Service   181
Literaturempfehlungen   183
Kontaktadressen   189
Materialien von Lesewelt e.V.   196

Autorinnen und Autoren   199
Körber-Stiftung   202

Bücher öffnen Welten

Vorwort von Cem Özdemir

»Bastian schaute das Buch an. ›Ich möchte wissen‹, sagte er vor sich hin, ›was eigentlich in einem Buch los ist, solang es zu ist. Natürlich sind nur Buchstaben drin, die auf Papier gedruckt sind, aber trotzdem – irgendwas muss doch los sein, denn wenn ich es aufschlage, dann ist da auf einmal eine ganze Geschichte. Da sind Personen, die ich noch nicht kenne, und es gibt alle möglichen Abenteuer und Taten und Kämpfe – und manchmal ereignen sich Meeresstürme, oder man kommt in fremde Länder und Städte. Das ist doch alles irgendwie drin im Buch. Man muss es lesen, damit man's erlebt, das ist klar.‹«

Aus: Michael Ende: Die unendliche Geschichte. Stuttgart 1979

Als ich im September 2001 in der Jerusalem Jugendbibliothek in Berlin zwischen den gebannt lauschenden Kindern der Initiative Lesewelt e.V. saß und ihnen aus »Jochen, der Schweinefant« vorlas, erinnerte ich mich an meine eigene Kindheit. Mein erstes richtiges Buch schenkte mir meine damalige Lehrerin in der fünften Klasse, nachdem meine schulische Situation so hoffnungslos geworden war und insbesondere meine Schreib- und Lesefähigkeiten so zu wünschen übrig ließen, dass mir meine Eltern hatten Nachhilfestunden zahlen müssen. Meine Schulzeit glich bis dahin eher einem Durchmogeln als einer sinnvollen Grundschulausbildung – die notwendigen Kenntnisse in Lesen und Schreiben hatte ich nicht gewonnen. Das wurde mir und meinen Eltern in der besagten fünften Klasse deutlich, als die Ansprüche höher wurden und ich vor den Anforderungen, die Aufsätze und Diktate an mich stellten, regelmäßig kapitulieren musste. Bei bis zu 60 Rechtschreibfehlern pro Diktat konnte mir kaum jemand den untersten Platz im Stapel der Klassenarbeiten streitig machen, den mein Deutschlehrer nach Notenergebnis zu sortieren pflegte – was meinen Ehrgeiz auch nicht sonderlich förderte.

Dass ich schon von frühester Kindheit an fließend »schwäbeln« konnte, half mir dabei wenig, ganz im Gegenteil, es erschwerte mir eher das Erlernen des ordentlichen Schriftdeutschs. Die Sprache und den Dialekt lernte ich von meinen »deutschen Großeltern«, einem älteren Ehepaar in unserer Nachbarschaft. Mit meinen Eltern sprach ich ausschließlich Türkisch, da sie beide die deutsche Sprache zunächst nur rudimentär beherrschten. So entwickelte ich mich zwar schnell zu einem kecken Plappermaul – in Anbetracht meiner kleinen, schmächtigen Statur war mein Mundwerk oft meine einzig wirksame Verteidigung gegen die Gängeleien der anderen Jungs –, aber der Zugang zum Lesen und Schreiben konnte mir bis zur fünften Klasse weder in der Schule noch gar zu Hause vermittelt werden. Erschwerend kam hinzu, dass ich auch Türkisch nicht gut beherrschte, mir also auch in der Sprache meiner Eltern kein richtiges Sprachverständnis, geschweige denn das Selbst-Lesen, vermittelt werden konnte. Abgesehen davon gab es auch zu der Zeit bei uns außer Comics keine türkische Kinderliteratur.

Ein Buch als Initialzündung

Das Buch, das mir meine Lehrerin in der fünften Klasse schenkte, war gewissermaßen eine Initialzündung. Peter Härtlings »Das war der Hirbel« war das erste Buch, das ich vollständig und freiwillig gelesen habe. Und ich habe es nicht nur gelesen, nein, ich habe es auch genossen, es machte mir richtig Spaß! Es sollte nicht das letzte gewesen sein.

Dass ich mich schon wenig später nicht mehr zu den »Analphabeten« zählen lassen musste, habe ich vielleicht nicht allein meiner damaligen Lehrerin oder Peter Härtling zu verdanken. Die Erfahrung dieses Buches aber eröffnete mir erstmals die Welt der Bücher und des Lesens. Dass ich im Rahmen meines späteren Berufs als Erzieher zu einem leidenschaftlichen Vorleser wurde, mich damit bei den Kindern in meinem Bekanntenkreis immer besonders hervortun konnte und mich heutzutage sogar selber als Schreiber betätige, all dies hat seinen Ursprung auch in dieser ersten schönen Erfahrung mit dem Lesen.

Wäre ich heute ein kleiner Junge, hätte auch mir eine Einrichtung wie die Berliner Vorleseinitiative das »Abenteuer Lesen« schmackhaft machen können. Nicht umsonst stößt Lesewelt gerade bei solchen Kindern auf besonders viel Interesse, in deren Familien nicht Deutsch als Muttersprache gesprochen wird.

Mir persönlich haben Bücher vor allem dazu verholfen, endlich besser lesen und schreiben zu lernen. Aber Bücher bereichern auch die Freizeitgestaltung. Im Vergleich zum leichter konsumierbaren Fernsehangebot scheint Bücher zu lesen bei Kindern und Jugendlichen weniger attraktiv zu sein. Genau dem kann durch eine Vorleseinitiative auch entgegengewirkt werden! Während es zum Fernsehen überhaupt keiner besonderen Fähigkeit des Zuschauers bedarf, weil alles, Inhalt, Emotionen, Bild, Ton und andere Effekte, geliefert werden, müssen Kinder beim Lesen und gleichermaßen beim Zuhören sich ihr eigenes »Bild« machen.

Als Erzieher habe ich es immer so empfunden, dass die Kinder eine unheimlich aktive Rolle beim Zuhören einnehmen. Vor allem in ihren Kommentaren und Fragen zu den gelesenen Geschichten wird deutlich, dass sie ganz eigene Vorstellungen und Ideen zum Vorgelesenen entwickeln können. Gerade die Fähigkeit zum Hinterfragen ist dabei letztlich ein wichtiger persönlichkeitsbildender Aspekt, vor allem im Hinblick auf ein späteres Engagement der Kinder und Jugendlichen in ihrer Umgebung, also in der Schule, in Vereinen, der Gemeinde oder in der Politik. Der Bogen vom Zuhören in der Bibliothek bis zur Entwicklung zum »mündigen« und kritischen Bürger scheint vielleicht etwas weit gespannt zu sein. Aber die Entwicklung der Kommunikationsfähigkeit, die durch die Beschäftigung mit Büchern vermittelt werden kann, bietet doch die elementaren Grundlagen dafür, Informationen zu finden, Argumente zu formulieren und anderen zuzuhören – zum Ziele eines wirklichen Verstehens.

Die besondere Aufmerksamkeit, die die jungen Zuhörer bei den Vorlesenachmittagen erfahren, finden Kinder in ihrer familiären Umgebung oft gar nicht mehr. Auch die persönliche Hingabe des Vorlesers oder der Vorleserin, die den Kindern nicht nur Geschichten erzählen, sondern sie fast mit ihnen gemeinsam erleben, ist für viele, die das Vorlesen aus ihren Familien nicht kennen, eine ungewohnte Intensität des Miteinanders.

Das Projekt Lesewelt e.V. hat mit den Lesenachmittagen in Berliner Jugend- und Stadtteilbibliotheken ein innovatives und engagiertes Freizeit- und Bildungsangebot gestaltet, das hoffentlich schnell Nachahmung in anderen Städten oder Stadtvierteln findet. Jeden, der über diesen Wegweiser das »Abenteuer Vorlesen« entdecken möchte, kann ich zur Nachahmung und zur Unterstützung nur ermuntern. Denn: So faszinierend das Abenteuer Vorlesen für die Kinder ist, so sehr ist es, wie ich aus eigener Erfahrung weiß, auch für die Vorleser eine ganz besondere Freude, dieses Erlebnis zu teilen. In diesem Sinne dem Projekt und allen Erzählern und Vorlesern alles Gute – und diesem Buch eine weite Verbreitung!

Am Anfang war die Idee ...

Einleitung von Carmen Stürzel

»*Nichts ist mächtiger als eine Idee zur richtigen Zeit.*«

Victor Hugo

T

Meine erste Vorlesestunde in der Wilhelm-Liebknecht-Bibliothek in Berlin-Kreuzberg ist mir noch gut in Erinnerung. Die drei türkischen Vorschulkinder Adem, Gökhan und Aslı warteten schon ungeduldig mit ihren Eltern. Auch die Bibliothekarinnen verfolgten gespannt die Premiere, und ich war nicht minder aufgeregt. Ich zweifelte, ob mein Vorlesen wirklich die Erwartungen der Kinder, Eltern und Bibliotheksmitarbeiterinnen erfüllen würde. Doch sobald ich das erste Buch aufgeschlagen hatte, überhäuften mich die Kinder mit Fragen, und die Erwachsenen lächelten. Das Eis war gebrochen. Heute, mehr als zwei Jahre später, kann ich sagen: Dieser Juninachmittag im Jahr 2000 war der Beginn einer bisher sehr erfolgreichen Geschichte.

Am Anfang war nur die Idee. Auf einer USA-Reise hatte ich bei einer Freundin in Pittsburgh, Pennsylvania, das Vorleseprojekt Beginning with Books kennen gelernt. Mit vielfältigen Initiativen versucht diese Organisation, insbesondere Kindern aus benachteiligten Familien den Zugang zu Büchern zu ermöglichen. Das Konzept hat mich als Sozialarbeiterin gleich überzeugt. Aber erst, als ich später vom Transatlantischen Ideenwettbewerb USable der Hamburger Körber-Stiftung hörte, bei dem gute Ideen aus den USA prämiert und ihre Erprobung in Deutschland gefördert werden können, habe ich beschlossen: Das Vorlesen will ich selbst in Berlin ausprobieren. Dass ich bei USable einen Hauptpreis für meine Idee gewann, bestärkte mich nur. So wurde aus der Idee ein Projekt und schließlich der Verein Lesewelt e.V.

Kein Kind wird als Leser geboren

Die Anfang 2002 veröffentlichten Ergebnisse der Pisa-Studie beweisen, wie richtig und vorausschauend die Körber-Stiftung mit ihrer Entscheidung lag, das Berliner Vorleseprojekt auf vielfältige Art und Weise zu unterstützen. Viele Schülerinnen und Schüler in deutschen Schulen scheitern an der Lösung von Aufgaben, weil sie nicht richtig lesen können. Angespannt wird in Gesellschaft und Politik nach Ursachen, aber vor allem nach Lösungswegen gesucht. Kein Kind wird als Leser geboren, und auch das Lesenkönnen wird niemandem in die Wiege gelegt. Kinder brauchen Anregungen, Vorbilder und Ermunterung. Ein gute Möglichkeit, Kindern das Lesen nahe zu bringen, ist Vorlesen.

Von der Körber-Stiftung kam auch der entscheidende Impuls für das Zustandekommen des vorliegenden Buches. Sein Anliegen ist es, auf die Bedeutung von Vorlesen aufmerksam zu machen sowie interessierte und engagierte Menschen dazu anzuregen, selbst eine Initiative nach der Idee von Lesewelt zu starten. Potenzielle Vorleserinnen und Vorleser finden in diesem Buch Argumente dafür, dass Vorlesen ein Prozess mit großer persönlicher und gesellschaftlicher Wirkung ist. Vorlesen macht Spaß, regt die Phantasie an, fördert die Sprachentwicklung und Bildung der Kinder, bedeutet aber auch zwischenmenschliche Zuwendung. Vorlesen hat ein interessantes Potenzial für freiwilliges Engagement, und Vorlesen kann ein wichtiger Baustein zur Integration sein.

Das »Geheimrezept«: Ein simpler Grundgedanke

Aber der Reihe nach. Was hat sich in Berlin seit meinem ersten Vorlesenachmittag im Juni 2000 entwickelt? Zwei Jahre danach hat der Verein Lesewelt e.V. ungefähr 80 freiwillige Vorleser und Vorleserinnen, die sich in 18 Berliner Bibliotheken einmal in der Woche mit vielen Kindern treffen, um ihnen vorzulesen. Genau diese an sich simple Grundidee ist wohl das »Geheimrezept« unseres Projekts. Sich treffen und »einfach« nur vorlesen – das bewegt die Menschen zum Mitmachen. Einmal in der Woche für eine Stunde Kindern vorzulesen, erfordert in der Tat keinen großen Zeitaufwand. Die freiwilligen Vorleserinnen und Vorleser sind Menschen, die gern lesen und ihre Liebe zu Büchern an Kinder weitergeben wollen. Außerdem orientiert sich die Tätigkeit von Lesewelt an den vorhandenen Ressourcen. Bibliotheken bieten nicht nur ideale Orte zum Vorlesen, hier steht gleichzeitig eine große Auswahl an Büchern bereit. Das große Interesse von Bibliotheken, Schulen und Kindertagesstätten an unserem Projekt hat uns die Türen zu den Kindern geöffnet. Wenn auch nicht jedes Mädchen und jeder Junge immer wieder kommt, begeistert sind die meisten von ihnen doch.

Berichte in Zeitungen und Zeitschriften, Mundpropaganda und eine aktive sowie gezielte Öffentlichkeitsarbeit machten Lesewelt innerhalb eines kurzen Zeitraums über die Grenzen Berlins hinaus bekannt. So kamen bald Anfragen von Menschen aus verschiedenen Gegenden Deutschlands, die die Idee von Lesewelt aufgreifen und selbst in die Tat umsetzen wollten. »Wie habt ihr das gemacht?« ist auch jetzt noch eine häufig gestellte Frage. So soll dieses Buch ein praktisch nutzbarer Leitfaden sein, bei dem die Umsetzung der Idee anhand plastischer Beispiele vorgeführt wird und das gleichzeitig konkrete Tipps enthält, wie man selbst – Schritt für Schritt – ein Projekt wie Lesewelt aufbauen kann.

Einblick in die Arbeit und das Selbstverständnis von Lesewelt liefert vor allem das erste Kapitel dieses Buches. Es folgt der Abschnitt »Die Welt des Lesens«, der zeigt, wie zentral Lesen und Vorlesen für die individuelle Entwicklung und Bildung von Kindern sind – und warum Leseförderung auch eine gesellschaftliche Aufgabe ist. Dass auch Vorlesen gelernt werden will und welche Fehler man vermeiden kann, das ist das Thema des dritten Kapitels, »Vorlesen – ein Abenteuer«. Diese drei Kapitel wie auch die beiden folgenden und den Leitfaden für Initiatoren hat die Journalistin und Sozialpädagogin Gilda Petzold als Autorin oder Koautorin verfasst. Als Mitbegründerin von Lesewelt und derzeit Vorstandsvorsitzende des Vereins hat sie das Projekt von Anfang an engagiert mit begleitet – in ihren Beiträgen wird aber nicht nur eine große Sachkenntnis deutlich, sondern auch ihre persönliche Begeisterung für das Vorleseprojekt.

Bildung braucht Sprache. Sprache braucht Vorlesen

Die Kinder, die die Vorlesestunden bei Lesewelt besuchen, bringen vielfältige kulturelle Hintergründe mit. Manche von ihnen leben in Familien nichtdeutscher Herkunft. Bei Lesewelt kommen sich also nicht einfach nur Menschen näher, hier findet auch eine Annäherung verschiedener Kulturen statt. Manchen Vorleserinnen und Vorlesern wird dabei erst im Gespräch mit den Kindern klar, wie vielfältig die Probleme der Mädchen und Jungen in der Schule sind. Sie können selbst erleben, wie unterschiedlich das Sprachniveau bei den Kindern ist – und wie wichtig für diese Kinder Vorlesen auch im Sinne sprachlicher Förderung sein kann. Denn auch das hat die Pisa-Studie ins Bewusstsein gerufen: Das Beherrschen der deutschen Sprache ist eine der grundlegenden Voraussetzungen, um den Anforderungen der deutschen Schulen gerecht werden zu können. Kinder aus Familien mit nichtdeutscher Herkunftssprache haben es besonders schwer. Sie müssen ihre Schulzeit in einer Zweitsprache absolvieren. Ein Kapitel des Buches beschäftigt sich deshalb auch mit der Frage, inwieweit Vorlesen ein Baustein zur sprachlichen, aber auch sozialen, bildungspolitischen und kulturellen Integration von Kindern aus Familien nichtdeutscher Herkunft sein kann.

Lesewelt beweist es: Auch in Deutschland sind viele Menschen bereit, sich freiwillig zu engagieren. Die Frage ist nur, wie dieses großartige Potenzial genutzt werden kann. Nicht nur das Bild freiwilliger Arbeit hat sich gewandelt, sondern ebenso die Erwartungen engagierter Menschen an ihre Tätigkeit. Wenn sich Gesellschaft und Politik, aber auch die einzelnen Vereine und Projekte auf diesen Wandel einstellen können, ist freiwilliges Engagement für alle ein Gewinn. Freiwillige bei Lesewelt betätigen sich längst nicht mehr nur beim Vorlesen. Durch ihren verantwortungsbewussten und enthusiastischen Einsatz haben sie sich bereits viele andere Tätigkeitsbereiche erschlossen und weiterentwickelt – mehr dazu im fünften Kapitel.

Vorlesen – eine amerikanische Idee?

Sich persönlich für die Lösung gesellschaftlicher Probleme einzusetzen – und dazu innovative Wege zu gehen –, das ist in den USA weit verbreitet.

Kein Zufall, dass auch die Idee zu Lesewelt aus diesem Land kommt, in welchem Wissenschaftler und Pädagogen außerdem seit langem die Bedeutung des Vorlesens erforscht haben. Die Bildungsjournalistin und USable-Jurorin Christine Brinck gibt in ihrem Beitrag einen Einblick in die amerikanische und englische Diskussion zum Vorlesen. Karin Haist, die Leiterin des Transatlantischen Ideenwettbewerbs, stellt im letzten Kapitel vor, welche anderen amerikanischen Ideen zur Leseförderung bereits bei der Körber-Stiftung eingereicht wurden.

Alle Leserinnen und Leser, die sich weiter informieren oder gar selbst eine Initiative gründen möchten, finden im Kapitel »Nachmachen erwünscht« zahlreiche Anregungen und Hinweise zur Umsetzung der Idee, immer praxisnah bezogen auf die entsprechenden Erfahrungen beim Aufbau und der Entwicklung von Lesewelt. Im Anhang schließlich bieten die Literaturhinweise und Adressen möglicher Ansprechpartner die Möglichkeit, noch detaillierter in das eine oder andere Thema einzutauchen.

In sämtliche Kapitel des Buches sind Erfahrungen und Ansichten von Lese- und Vorlese-Experten, von Lesewelt-Kindern, Eltern sowie Vorlesern aufgenommen worden, die sich in Interviews oder Statements kompetent zum Thema äußern. Sie alle schätzen die Bedeutung des Vorlesens als außerordentlich hoch ein – und es ist gut, so viele anerkannte und engagierte Menschen an unserer Seite zu wissen.

Die Erfahrung mit seinem ersten Buch, schreibt Cem Özdemir im Vorwort, habe ihm »die Welt der Bücher und des Lesens« geöffnet. Zu den weit reichenden Facetten dieser »neuen Welt« zählt er nicht zuletzt die Möglichkeiten, kommunizieren lernen zu können und von Büchern angeregt zu werden, Fragen zu stellen. Den leidenschaftlichen Leser und Vorleser Özdemir haben diese Fähigkeiten bis in den deutschen Bundestag gebracht. Ich freue mich sehr, dass Cem Özdemir nicht nur Lesewelt durch Vorlesen unterstützt hat, sondern sich auch als Herausgeber dieses Buches so persönlich zu seiner Lesebiografie äußert. Ich danke ihm wie auch den Autorinnen und natürlich der Körber-Stiftung für die gemeinsame Realisierung dieses Buches.

Lesewelt e.V. in Berlin

Von Gilda Petzold und Carmen Stürzel

»Man weiß nie, was daraus wird, wenn die Dinge verändert werden. Aber weiß man, was daraus wird, wenn sie nicht verändert werden?«

Elias Canetti

Vorlesen live

Gleich ist es so weit. Kinderstimmen schwirren durch die Luft. Auch die Vorleserinnen sind schon da. Niemand möchte zum Vorlesenachmittag in der Bibliothek zu spät kommen. Mit großem »Hallo« begrüßen manche Kinder »ihre« Vorleserinnen. Andere stehen eher schüchtern in der Ecke. Vielleicht sind sie zum ersten Mal hier und kennen noch niemanden. Schnell hat eine der Vorleserinnen die Situation erfasst, und schon ist das eben noch einsame Kind mittendrin. Wie alle anderen trägt es jetzt stolz ein Schild mit seinem Namen.

Allmählich wird es ruhiger. Die kleinen Vorlesekreise, meistens eine Vorleserin mit bis zu vier Kindern, ziehen sich zurück. Geräuschvoller wird es noch einmal bei der Auswahl der Bücher. Eine Kiste mit vielen Kinderbüchern steht bereit. Nicht immer stimmen die Vorstellungen der Jungen und Mädchen mit denen der Vorleserinnen überein. Kompromisse müssen gefunden werden. Manchmal dürfen die Kinder ein Buch aussuchen, ein anderes Mal liest die Vorleserin aus einem ihrer Wahl. Mit dieser Lösung sind alle zufrieden. Jetzt ist nur noch das mehr oder weniger leise Gemurmel beim Vorlesen zu hören. Hier und da sind die Rollen vertauscht, da ist eines der Kinder in die Rolle des Vorlesenden geschlüpft.

Nach einer Weile wird es zunehmend unruhiger. Die Konzentration vieler Jungen und Mädchen ist erschöpft. Die Ersten springen auf, um sich einen Stempel auf ihrer Vorlesekarte zu holen. Immerhin gibt es eine Urkunde und ein Buchgeschenk, wenn zehn Felder abgestempelt sind. Andere Kinder malen, spielen oder erzählen noch gemeinsam mit den Vorleserinnen. So wie der kleine schwarzhaarige Junge. Er berichtet aufgeregt von seiner weiten Urlaubsreise an die Ostsee, über tausend Kilometer von Berlin entfernt! Nun, da ein Atlas zwischen ihm und der Vorleserin liegt, ist es bis zur Ostsee nicht mehr ganz so weit.

Nach spätestens eineinhalb Stunden löst sich die Runde auf. Manche Kinder versichern sich vor dem Gehen, dass die Vorleserin das nächste Mal auch bestimmt wieder kommt. Die Frauen und Männer sind ein wenig erschöpft, doch auch glücklich und zufrieden. Sie haben den Kindern nicht nur Zeit und Zuwendung geschenkt, sondern selbst Freude und ein kleines Stück Lebenssinn erhalten.

Am Küchentisch entsteht ein Verein

Es war in den Abendstunden des 29. September 2000, als sich an einem großen Berliner Küchentisch acht Frauen versammelten, um bei Muffins, Tee und Wein einen Verein zu gründen. Jede der acht Frauen hatte andere Gründe, ihren freien Abend hier in der Küche zu verbringen. Eines verband sie alle: die Begeisterung für die Idee vom Vorlesen. Nicht nur die Liebe zu Büchern trieb sie an, sondern ebenso die Kenntnis gesellschaftlicher Defizite und die Bereitschaft, gemeinsam etwas dagegen zu tun: in einem Verein, der den Namen »Lesewelt« erhalten sollte.

Lesen ist schön. Lesen beflügelt die Phantasie. Es ist aufregend, in die abenteuerliche Welt der Bücher einzutauchen, mit den Helden zu bangen und sich mit ihnen zu freuen. Lesen bildet auch. Es kann Kenntnisse vermitteln über das Leben in Vergangenheit, Zukunft und Gegenwart. Auf spannende Art und Weise lassen sich die Geheimnisse dieser Welt ergründen. Auch Vorlesen ist schön. Vorlesen bei Lesewelt ist besonders schön. Gemeinsam mit Vorleserinnen können Jungen und Mädchen entdecken, wie viel Freude der Umgang mit Büchern bereiten kann.

Sprach- und Lesefähigkeiten gehören zu den wichtigsten Voraussetzungen, um aktiv am gesellschaftlichen Leben teilnehmen zu können. Bücher können helfen, den Wort- und Sprachschatz zu erweitern. Deshalb hat Vorlesen bei Lesewelt ebenso die Förderung von Lesefähigkeit und sprachlicher Kompetenz im Sinn. Denn in den Schulen unseres Landes sitzen immer mehr Kinder, die nicht über genügend Deutschkenntnisse verfügen. Sie können dem Unterrichtsstoff schon in der ersten Klasse nicht folgen, weil sie sprachlich nicht verstehen, worum es geht.

Eine Untersuchung unter Erstklässlern im Berliner Stadtteil Wedding ergab, dass nur ein knappes Viertel der Schülerinnen und Schüler die deutsche Sprache hinreichend beherrscht.[1] In Berlin wohnen viele Kinder, deren Familien nichtdeutscher Herkunft sind. Das spielt eine entscheidende Rolle. Doch auch Kinder aus deutschsprachigen Familien weisen zunehmend Sprachdefizite auf. Mangelnde Erfolge in der Schule lassen nicht lange auf sich warten – und führen ihrerseits zu Frust und »Null-Bock«-Stimmung. Der Ausblick in die berufliche Zukunft ist hoffnungslos und düster für junge Menschen mit Sprachschwierigkeiten. Außerdem erschweren fehlende Worte die Kommunikation mit anderen Menschen. Nicht selten ziehen sprachliche Defizite sozialen Rückzug nach sich oder finden ihren Ausdruck in körperlicher Gewalttätigkeit.

Das ist Lesewelt

Lesewelt bietet Vorlesenachmittage in Berliner Kinder- und Jugendbibliotheken an. Freiwillige Vorleserinnen und Vorleser – es sind ganz überwiegend Frauen – treffen sich einmal in der Woche mit Kindern, um ihnen aus Büchern vorzulesen. Es wird auch erzählt, gelacht, erklärt, zugehört und, wenn die Konzentration der Jungen und Mädchen nachlässt, gemeinsam gespielt. Die Vorlesestunden finden während der regulären Öffnungszeiten der Bibliotheken statt, sind kostenlos und offen für alle. Zielgruppe sind Kinder bis zu zwölf Jahren. Erreicht werden sollen vor allem Kinder, denen der Zugang zur phantastischen Welt der Bücher bislang versperrt blieb, insbesondere Kinder mit nichtdeutscher Herkunftssprache.

Es kommen immer mehrere Vorleserinnen zur gleichen Zeit, was den Vorteil hat, dass relativ kleine Vorlesegruppen gebildet werden können. Dadurch können die verschiedenen Interessen der Kinder und ihr unterschiedliches Alter berücksichtigt werden.

Lesewelt trägt auch zur Begegnung zwischen verschiedenen Kulturen bei. Kinder und freiwillige Vorleserinnen und Vorleser haben unterschiedliche kulturelle und soziale Hintergründe. Durch die Vorlesestunden wird auf unkomplizierte Art und Weise ein Kennenlernen und Verstehen anderer Lebensweisen und Kulturen möglich.

Unterstützt wird ebenso der Dialog zwischen Menschen verschiedener Generationen. Die Vorleserinnen und Vorleser sind engagierte Menschen jeglichen Alters. Lesewelt ermöglicht durch das gemeinsame Vorlesen die Begegnung und das Gespräch zwischen Jung und Alt.

Aus der Leidenschaft zum Lesen und der Kenntnis über diese Situation entwickelten die Mitglieder von Lesewelt ein Leitbild, welches ihr Tun und Handeln bestimmt: »*Durch das Vorlesen wollen wir Kindern positive und schöne Erlebnisse im Zusammenhang mit Büchern vermitteln sowie die Begeisterung für das Lesen fördern. Insbesondere wollen wir Jungen und Mädchen mit nichtdeutscher Herkunftssprache erreichen. Sie werden unbeschwert mit der deutschen Sprache vertraut gemacht. Unser Handeln trägt dazu bei, Voraussetzungen zu schaffen, welche Menschen in schulischer und beruflicher, aber auch persönlicher Hinsicht Chancengleichheit ermöglichen.*«

Drei Ziele sind dem Verein besonders wichtig:

Freude am Lesen
Lesenkönnen ist eng an das Lesenwollen geknüpft. Deshalb ist es wichtig, Kinder zum Lesen zu motivieren und bei ihnen die Freude am Lesen zu wecken. Wenn Erwachsene mit Kindern Bücher betrachten, wächst in

den Kindern nicht nur die Neugier auf Geschichten, sondern sie genießen in dieser Zeit auch das Gefühl persönlicher Zuwendung. So kann es gelingen, den Jungen und Mädchen ein schönes und positives Erlebnis im Zusammenhang mit Büchern zu vermitteln.

Leseförderung

Durch das Vorlesen wollen wir möglichst schon vor Schulbeginn das Lernen von Geduld, Ausdauer und Konzentrationsfähigkeit unterstützen. Die Förderung dieser Fähigkeiten kann Kindern das Lesenlernen in der Schule erleichtern und damit ihre Chancen für eine erfolgreiche Schul- und Ausbildungszeit erhöhen.

Sprachentwicklung

Gerade für Kinder aus einem nichtdeutschen Kultur- und Sprachraum ist unsere Vorleseinitiative eine Möglichkeit, unbeschwert ihre Sprachkenntnisse zu erweitern. Vorlesen, Erzählen und gemeinsames Spielen können den Wortschatz der Kinder erweitern und das aktive Sprechen fördern.

»Die Kinder drängeln jedes Mal zur Bibliothek«

Carmen Stürzel hat Stimmen von Eltern der Berliner Vorlesekinder eingefangen.

Ich habe zwei Kinder, meine Tochter Gülsüm, acht Jahre alt, und meinen Sohn Ismail, sechs Jahre alt. Lesewelt habe ich durch meine Tochter kennen gelernt. Als sie in der ersten Klasse war, hat die ganze Klasse die Bücherei besucht. Die Lehrerin hat mich dann über das Vorlesen von Lesewelt informiert. Danach bin ich immer jeden Mittwoch und Donnerstag zu Lesewelt gekommen.

Bei Lesewelt macht es meinen Kindern Spaß, und sie sind gerne mit den netten und freundlichen Vorleserinnen zusammen. Die übersetzen und erklären auch schwierige Wörter in den Geschichten, damit die Kinder das genauer verstehen. Seit fast zwei Jahren komme ich mit meinen Kindern sehr gerne zu Lesewelt. Jetzt kommt meine Tochter in die dritte Klasse – und die Lesenote von Gülsüm hat sich verbessert, weil sie jetzt viel betonter liest. Auch ihre Deutschkenntnisse sind besser geworden. Beide Kinder freuen sich immer auf die Vorlesestunde.

Statement einer Mutter aus Berlin-Wedding

Ich wohne seit 20 Jahren in Deutschland, und meine drei Töchter sind hier geboren. Jetzt sind sie sieben, neun und elf Jahre alt. Ich habe von Lesewelt aus der Schule erfahren, und jetzt bringe ich die drei jeden Dienstag hier in die Bücherei. Mir ist wichtig, dass sie gefördert werden und etwas lernen. Gerade die mittlere Tochter ist schon einmal sitzen geblieben und liest sehr schlecht. Hier bei Lesewelt gefällt es ihnen sehr, und sie drängeln jedes Mal, dass wir zur Bücherei gehen sollen. Mir gefällt Lesewelt, weil es den Kindern Spaß macht und ich jetzt kleine Fortschritte im Lesen feststellen kann.

Statement eines Vaters aus Berlin-Kreuzberg

Chronik einer Erfolgsstory

Im Jahr 1999 nimmt die Berliner Sozialarbeiterin Carmen Stürzel am Transatlantischen Ideenwettbewerb USable der Hamburger Körber-Stiftung teil. In diesem deutsch-amerikanischen Ideenwettbewerb geht es darum, gute Ideen aus den USA vorzuschlagen, die auch in Deutschland zur Lösung gesellschaftlicher Probleme beitragen können. Die Idee, die Carmen Stürzel in den USA kennen gelernt hat, ist die des Vorleseprogramms »Read together« – eine Initiative der Organisation Beginning with Books in Pittsburgh, Pennsylvania. Dieses Konzept, glaubt Carmen Stürzel, ist auch für Deutschland interessant. Die Jury des Transatlantischen Ideenwettbewerbs ist ihrer Meinung und vergibt einen Hauptpreis an die Berlinerin.

Damit Ideen wie die von Carmen Stürzel nicht nach der Auszeichnung in der Schublade verschwinden, unterstützt die Körber-Stiftung die Preisträger bei der Realisierung der Projektideen: ideell und auch finanziell. Die Zusammenarbeit zwischen Carmen Stürzel und der Stiftung gestaltet sich überaus positiv. Schon drei Monate nach der USable-Preisverleihung wird der Verein Lesewelt gegründet. Und genau zwei Jahre nach der ersten Vorlesestunde im Juni 2000 sind in Berlin schon 18 Bibliotheken beteiligt, mehr als 80 Menschen lesen vor, und viele hundert Kinder und Jugendliche hören regelmäßig zu. In Hamburg gründet sich im Sommer 2002 eine Vorleseinitiative nach Lesewelt-Vorbild – und großes Interesse gibt es auch andernorts. Die für Deutschland fatalen Ergebnisse der Pisa-Studie, im Jahr 2002 über Monate zentrales Thema für Politik und Medien, bestätigen das Konzept des Vorleseprojekts. Spracherwerb kann durch Vorlesen entscheidend gefördert werden – Lesen und Vorlesen sind wesentliche Schlüssel für Bildung.

Hier soll die »Erfolgsstory« von Lesewelt einmal im Überblick dargestellt werden:

Juni 2000

Preisverleihung des Transatlantischen Ideenwettbewerbs USable

In feierlichem Rahmen werden die Preisträger des Transatlantischen Ideenwettbewerbs der Körber-Stiftung ausgezeichnet. Im Konzerthaus am Gendarmenmarkt in Berlin erhält auch Carmen Stürzel ihren Hauptpreis von 5000 DM, überreicht von Dr. Michael Naumann, dem damaligen Staatsminister für Kultur und USable-Kurator.

Erste Vorlesestunde in der Wilhelm-Liebknecht-Bibliothek in Berlin-Kreuzberg

Nach vorheriger intensiver Zusammenarbeit mit einer Kreuzberger Vorschulklasse und Bibliotheksmitarbeiterinnen können Eltern, Kinder und Lehrer zur Unterstützung eines Vorlesenachmittages gewonnen werden. Die erste Vorlesestunde findet in der Wilhelm-Liebknecht-Bibliothek in Berlin-Kreuzberg statt. Carmen Stürzel trifft sich mit drei türkischen Vorschulkindern und liest ihnen vor.

September 2000

Vorlesestart in der Jerusalem-Jugendbibliothek in Berlin-Wedding

Der Stein ist ins Rollen gebracht. Auch in einer zweiten Bibliothek treffen sich die ersten von Carmen Stürzel gewonnenen freiwilligen Vorleserinnen mit Kindern. Durch die Pressearbeit der Körber-Stiftung erscheinen in verschiedenen regionalen und überregionalen Zeitungen und Zeitschriften Beiträge über die Vorleseinitiative. Wöchentlich melden sich weitere Frauen und vereinzelt auch Männer zum Vorlesen.

Gründung des gemeinnützigen Vereins »Lesewelt e.V.«

Es ist so weit. Carmen Stürzel hat es geschafft, andere Menschen derart von der Vorleseidee zu begeistern, dass sie mit ihr zusammen einen Verein gründen. Sie geben ihm den Namen Lesewelt.

Oktober 2000

Vorlesestart in der Philipp-Schaeffer-Bibliothek in Berlin-Mitte
Immer mehr Menschen rufen an, um sich als freiwillige Vorleser zu engagieren. Auch viele Berliner Bibliotheken sind vom Konzept von Lesewelt überzeugt und wollen mitmachen. Das Projekt wächst rasant, und es ist an der Zeit, finanzielle Grundlagen zu schaffen. Anträge und Konzepte werden geschrieben und bei verschiedenen Stiftungen eingereicht. Die Referenzen des Transatlantischen Ideenwettbewerbs USable für Lesewelt und auch die finanziellen Zusagen der Körber-Stiftung erweisen sich als gute Türöffner bei anderen Förderern.

November 2000

Starthilfezuschuss der Stiftung Mitarbeit
Die Stiftung Mitarbeit in Bonn, die politische Aktivitäten fördert, hat einen Starthilfefonds für neue Initiativen – und fördert daraus auch Lesewelt. Diese Mittel sind nicht umfassend, aber sehr wichtig, denn sie ermöglichen die Finanzierung der anfallenden Kosten in der Gründungsphase.

Integrationspreis der Ausländerbeauftragten von Berlin
Carmen Stürzel erhält den Integrationspreis der Ausländerbeauftragten des Senats von Berlin. Dieser Preis wird von Barbara John und dem Berliner Senat verliehen an Personen und Initiatoren, die sich bei der freiwilligen Sprachförderung in Berlin verdient gemacht haben.

Dezember 2000

Finanzierungszusagen für das Jahr 2001
Das aufwändige Antragstellen hat sich gelohnt. Berliner Stiftungen, aber auch überregionale Stiftungen haben z.T. erhebliche Finanzierungszusagen gegeben. Die Förderer sind:

- Jugend- und Familienstiftung des Landes Berlin
- Körber-Stiftung, Hamburg
- Robert Bosch Stiftung, Stuttgart
- Stiftung Vivendi Universal, Berlin

Eigener Raum

Zusätzlich wird Lesewelt vom Kulturamt Berlin-Mitte unterstützt, indem es dem Verein kostenlos einen Büroraum in der Jerusalem-Jugendbibliothek bereitstellt. Damit ist der Start in das Jahr 2001 unter optimalen Bedingungen gesichert.

Januar 2001

Neujahrsempfang für Mitglieder und Vorleser

Projektleitung und Vorstand organisieren für die Mitglieder von Lesewelt und für die freiwilligen Vorleser einen Neujahrsempfang in den Räumen der Jerusalem-Jugendbibliothek. Damit wollen sie danke sagen für das Engagement der vorlesenden Frauen und Männer. Die Vorlesenachmittage haben sich inzwischen zu festen Treffen zwischen Vorlesern und Kindern etabliert.

Hauptamtliche Projektleitung

Bisher erfolgte die gesamte Organisation des Vereins und der Vorlesenachmittage auf freiwilliger Basis. Das ist angesichts der rapiden Entwicklung von Lesewelt kaum mehr möglich. Aus diesem Grund stellt der Vorstand Carmen Stürzel als hauptamtliche Projektleiterin ein.

Erste Fortbildung für Vorleser

Vorleserinnen erhalten das erste Angebot zur Fortbildung. Als langjährige Leiterin einer Bibliothek kennt sich Seminarleiterin Inge Menyesch nicht nur mit den Lesegewohnheiten von Kindern aus, sondern kann mit theoretischen wie praktischen Erfahrungen über richtiges Vorlesen aufwarten. Ihre Vorlesebeispiele ziehen selbst erwachsene Teilnehmer in ihren Bann.

Vivendi-Projektforum
Lesewelt erhält auf einem Projektforum der Stiftung Vivendi Universal einen Scheck in Höhe von 10.000 DM. Damit kann die gesamte Büroausstattung für Lesewelt finanziert werden.

Vorlesestart in der Brüder-Grimm-Bibliothek in Berlin-Tiergarten
Noch eine Bibliothek ist dabei!

März 2001

Jurymitglied beim Vorlesewettbewerb
In den Berliner Stadtbezirken findet der Vorlesewettbewerb der sechsten Klassen statt – eine Aktion des Börsenvereins des Deutschen Buchhandels, der damit bereits seit 1959 Leseförderung betreibt. Die Schulen haben viel versprechende junge Vorleser ins Rennen geschickt. An der schwierigen Aufgabe, die besten Schülerinnen und Schüler auszuwählen, sind zum ersten Mal auch Carmen Stürzel und einige Vorleserinnen des Vereins beteiligt.

April 2001

Büroeröffnung
Lesewelt hat ab jetzt offiziell ein Büro. Wochenlang wurde gereinigt, gestrichen und eingeräumt. Auf einem großen Fest mit vielen großen und kleinen Gästen wird dieses Ereignis gebührend gefeiert.

Mai 2001

Vorlesestart in der Helene-Nathan-Bibliothek in Berlin-Neukölln
Der Kreis wird noch größer.

Juni 2001

Vorlesestart in der Else-Ury-Bibliothek in Berlin-Kreuzberg
Die Nächsten. Willkommen!

Zweite Fortbildung für Vorleser
Gemeinsam mit der Stiftung Lesen wird die zweite Fortbildung für die Vorleserinnen und Vorleser von Lesewelt organisiert. Das Interesse der Freiwilligen ist groß. Ihre Fragen an die Seminarleiterin der Stiftung Lesen machen deutlich, wie verantwortungsbewusst sie ihre Aufgabe als Vorleserinnen und Vorleser wahrnehmen. Die Stiftung Lesen, die unter der Schirmherrschaft des Bundespräsidenten seit 1988 das Lesen in der Medienkultur stärken will, versteht sich als »Ideenwerkstatt für alle, die Spaß am Lesen vermitteln wollen«. Na also: Da sind die Lesewelt-Vorleserinnen ja genau die Richtigen!

Bücherfest auf dem Bebelplatz
Alljährlich findet auf dem Berliner Bebelplatz ein großes Bücherfest statt. In diesem Jahr ist auch Lesewelt dabei. Vorleserinnen stellen im Bücherbus der Stadtbibliothek Berlin-Mitte den Verein der Öffentlichkeit vor.

August 2001

Prämierung beim startsocial-Wettbewerb
Startsocial ist eine Initiative namhafter Unternehmen in Deutschland – darunter McKinsey & Company –, die engagierte Menschen, Projekte und Initiativen bei der Lösung sozialer und gesellschaftlicher Probleme unterstützen will. Durch professionelle Beratung und Hilfestellung sollen neue Ideen im Aufbau gestärkt und laufende Projekte gefördert werden. Lesewelt wird in der ersten Runde ausgezeichnet und schafft damit den Sprung in die zweite.

September 2001

Eine Website für Lesewelt

Lesewelt ist nun auch mit einer Website im Internet vertreten. Unter www.lesewelt.org können Informationen über die Tätigkeit des Vereins und aktuelle Termine abgerufen werden. Die Website wurde von vier Frauen im Rahmen ihrer Weiterbildung zu Informationsmanagerinnen erstellt.

Vorlesestart in drei weiteren Bibliotheken

Vorlesenachmittage finden von nun an auch in der Kurt-Tucholsky-Bibliothek, der Hugo-Heimann-Bibliothek und der Stadtteilbibliothek Kaulsdorf-Nord statt.

Erster Berliner Freiwilligentag: Cem Özdemir liest vor

Auch Lesewelt beteiligt sich am Ersten Berliner Freiwilligentag, den unter dem Dach der Berliner Freiwilligenagentur »Treffpunkt Hilfsbereitschaft« über 20 Berliner Einrichtungen organisiert haben. Überall in Berlin können Besucher sich einen Eindruck von der Vielfalt ehrenamtlicher Beschäftigung machen. Lesewelt hat in die Jerusalem-Jugendbibliothek eingeladen und ist durch eine kleine Finanzspritze der Körber-Stiftung bestens für den erwarteten Ansturm gerüstet. Buchgeschenke, Kaffee und Kuchen, Saft und Süßigkeiten stehen bereit. Und werden dringend benötigt: Außer zahlreichen neugierigen Bürgerinnen und Bürgern kommen auch viele Vorleserinnen und Mitarbeiterinnen der Bibliotheken – und jede Menge Vorlesekinder.

Höhepunkt der Aktivitäten ist die Vorlesestunde mit Cem Özdemir, Bundestagsabgeordneter von Bündnis 90/Die Grünen. Dicht umringt von Kindern, aber auch Erwachsenen, liest er aus seinem Lieblingsbuch vor: »Jochen, der Schweinefant« von Iskender Gider. Es geht um Andersartigkeit und Toleranz. Die Zuhörer hören gefesselt zu und sind begeistert. Auch der Besuch einer Schauspielerin aus der Fernsehserie »Gute Zeiten, schlechte Zeiten«, die zusammen mit der Berliner Tafel kostenlos Eis verteilt, sorgt für Aufregung. 450 Besucher machen die Veranstaltung schließlich zu einem riesigen Erfolg.

Oktober 2001

Empfang beim Regierenden Bürgermeister von Berlin
Traditionell lädt der Regierende Bürgermeister von Berlin an diesem Tag Bürgerinnen und Bürger Berlins ein, die sich für die Stadt verdient gemacht haben. Dieses Jahr ist auch Lesewelt-Initiatorin Carmen Stürzel unter den geladenen Gästen.

Januar 2002

Ein Leitfaden für Vorleseprojekte muss her
Immer mehr Menschen wollen von den Lesewelt-Initiatorinnen wissen, wie man ein solch erfolgreiches Projekt auch andernorts starten kann. Gilda Petzold, Mitgründerin von Lesewelt, erfahren in der Arbeit mit Kindern und Jugendlichen und gelernte Journalistin, bringt die Berliner Erfahrungen in enger Zusammenarbeit mit Carmen Stürzel zu Papier. Und die Körber-Stiftung bietet an, daraus ein richtiges Buch zu machen. Das »Abenteuer Vorlesen« wird nun über Monate Autorinnen, Herausgeber und Lektorin beschäftigen, damit es pünktlich zur Frankfurter Buchmesse im Oktober 2002 der Öffentlichkeit präsentiert werden kann.

April 2002

Lesewelt bekommt ein Logo und ein Kurzporträt
Die Entscheidung fällt nicht leicht, aber schließlich kann sich der Lesewelt-Vorstand auf einen grafischen Entwurf einigen – für ein eigenes Logo und für ein schönes Faltblatt zum Projekt. Jetzt können die vielen Anfragen von Vorlesewilligen und Interessierten endlich schnell befriedigt werden. Die Grafik- und Druckkosten trägt zum Glück die Körber-Stiftung! Das Team vom Transatlantischen Ideenwettbewerb hat außerdem einen Profifotografen zu Lesewelt geschickt und eine Pressemappe produziert, so dass auch die Medien jetzt über Lesewelt in Wort und Bild umfassend informiert werden können.

Juni 2002

Carmen Stürzel kann neue USable-Preisträger motivieren

Die nächste Preisverleihung des Transatlantischen Ideenwettbewerbs, wieder in Berlin, steht an. In einem Workshop vorab präsentiert Carmen Stürzel ihren Wettbewerbsbeitrag – und was sich daraus entwickelt hat. »Als ich vor zwei Jahren von der Körber-Stiftung ausgezeichnet wurde, hatte ich eine gute Idee und den festen Willen, etwas zu tun. Fangt einfach an, es ist erstaunlich, wie schnell sich eine Idee zum Projekt entwickeln kann«, ermuntert sie die neuen Preisträgerinnen und Preisträger.

Juli 2002

In Hamburg wird eine Vorleseinitiative nach dem Lesewelt-Vorbild gegründet

Während sich in Berlin immer mehr Menschen finden, die sich freiwillig für den Verein und die Realisierung seiner Ziele einsetzen, wird die Idee von Lesewelt erstmals auch über die Stadtgrenzen von Berlin hinausgetragen. In Hamburg haben sich engagierte Menschen zusammengefunden, die vorlesen wollen. Carmen Stürzel fährt zur Beratung in die Hansestadt.

Jede Menge neuer Ideen

18 Bibliotheken sind mittlerweile in Berlin dabei, viele neue Vorlesewillige stehen auf einer Warteliste, immer mehr Kinder kommen zu den Lesewelt-Terminen. Aber die Verantwortlichen im Verein sind sich einig: Nicht nur Quantität soll die Grundlage des Erfolges von Lesewelt sein, auch zur qualitativen Entwicklung wollen alle Beteiligten beitragen. So soll der Fort- und Weiterbildung der freiwillig engagierten Vorleserinnen und Vorleser zukünftig noch größere Bedeutung zukommen, u.a. zu Themen wie Buchauswahl, Motivation der Kinder und interkulturelle Zusammenarbeit. Viele neue Ideen schwirren in den Köpfen von Initiatoren und Vorlesern. Zum Beispiel sollen Lesepatenschaften als neue Aktivität dazukommen. Bei diesem Modell wird dann eins zu eins vorgelesen. Das heißt: Eine Vorleserin bzw. ein Vorleser kümmert sich jeweils regelmäßig nur

um ein Kind. Ein solches individuelles Vorlesen kommt manchem Vorlesenden mehr entgegen – und auch die Kinder können davon profitieren. Für sie bedeutet es einmal mehr individuelle Förderung und Zuwendung.

Auch die Zusammenarbeit mit Schulen und Kindergärten soll intensiviert werden. Vorleserinnen und Vorleser könnten die Kinder vor Ort besuchen. Interessant erscheint auch die Möglichkeit, Eltern in die Leseförderung einzubeziehen. Zum einen, indem ihnen immer wieder am konkreten Beispiel deutlich gemacht wird, wie wichtig und wirksam die Lese- und Sprachförderung bei Lesewelt für ihre Kinder sein kann. Zum anderen können die Eltern aber auch selbst mit der deutschen Sprache und Kultur vertraut gemacht werden, während ihren Kindern vorgelesen wird. Schon jetzt kommen ja zum Beispiel türkische Mütter mit zu den Vorlesenachmittagen, die vorher noch nie eine Berliner Bibliothek betreten haben.

Die Umsetzung all dieser Ideen kostet jedoch nicht nur Zeit, sondern auch Geld. Die Einstellung einer weiteren hauptamtlich beschäftigten Person wird zunehmend notwendig. So muss auch Lesewelt im Fundraisingbereich noch intensiver und gezielter aktiv werden, um die finanzielle Zukunft des Vereins zu sichern.

»Ich finde es schön, an Lesewelt geraten zu sein«

Gilda Petzold hat Edith, eine der Vorleserinnen bei Lesewelt, porträtiert.

Schon als Kind hat Edith Bücher regelrecht verschlungen, oft heimlich im Bett gelesen, nur mit dem Licht der Taschenlampe. »Das erste Mal vorgelesen habe ich in der Schule«, erinnert sie sich. »Im Handarbeitsunterricht war ich immer schnell fertig, so dass ich mich gelangweilt habe. Irgendwann kam ich auf die Idee, meinen Mitschülerinnen vorzulesen, um mir die Zeit zu verkürzen.« So begann Ediths »Karriere« als Vorleserin. In späteren Jahren las sie fast täglich ihren drei Töchtern und nun wieder deren Kindern vor.

Ein Unfall riss die Kauffrau aus ihrem Arbeitsleben, ihre kranke Hand erlaubt das viele Schreiben nicht mehr. Und so war sie auf der Suche nach einer Tätigkeit, die ihren Neigungen entsprach. Während eines Urlaubs las sie in einer Frauenzeitschrift über Lesewelt und war begeistert von der Idee. Wieder zu Hause, nahm sie sofort Kontakt mit dem Verein auf. Seit über einem Jahr ist sie dabei und immer wieder fasziniert, wie sich die Kinder von Text und Stimme begeistern lassen. Die eigentlich fremden Kinder sind ihr ans Herz gewachsen: »Vor einiger Zeit hätte ich die Bibliothek wechseln können, näher an meine Wohngegend heran«, berichtet sie schmunzelnd. »Ich kann da nicht weg, dachte ich. Inzwischen hängt mein Herz an den Kindern dort in der Kreuzberger Bibliothek.«

Eigentlich hatte sie sich das Vorlesen etwas anders vorgestellt. Ruhe im Raum, still lauschende Kinder … Dort jedoch erwartete sie alles andere. Die Kinder kommen häufig aus schwierigen Familien, das hat sie inzwischen erfahren. Die Eltern haben keine Zeit oder wenig Interesse, sich mit ihnen zu beschäftigen. Dass sich jemand Zeit nimmt, hinsetzt und vorliest, war für viele Kinder eine neue Erfahrung, mit der sie lernen mussten umzugehen. »Nach dem ersten kleinen Schreck empfinde ich es inzwischen als Herausforderung«, meint Edith. »Ich will auf keinen Fall erzieherisch tätig sein, das ist in meinen Augen Sache der Eltern und der Schule. Aber ich möchte den Kindern liebevolle Zuneigung geben. Sie müssen erst lernen, Kompromisse zu machen und Grenzen zu akzeptieren. Dabei kann ich ihnen helfen.« Ein wenig pädagogische Arbeit ist also doch erforderlich. Edith nimmt es gelassen. Oft sieht man sie lachen, mit den Jungen und Mädchen reden, wenn erforderlich, auch energisch zurechtweisend. Wie ernst sie die freiwillige Tätigkeit sieht, lässt sich an ihrer Zuverlässigkeit beschreiben. Kommt es wirklich einmal vor, dass sie nicht in die Bibliothek gehen kann, dann schickt sie Vertretung: ihren Mann oder eine der Töchter.

Als Vorleserin gibt Edith nicht nur, sie nimmt auch eine Menge für sich selbst mit. Durch ihre eigene Offenheit fassen die Kinder Vertrauen und erzählen aus ihrem eigenen Leben. Somit lernt die temperamentvolle Frau viel über andere Kulturen. Das sei nicht nur interessant, sagt sie, sondern fördere ihr Verständnis gegenüber anderen Lebensformen.

Resümierend drückt Edith ihre Begeisterung aus: »Seit dem ersten Tag in der Bibliothek hatte ich das Gefühl, willkommen zu sein. Auch die Mitarbeiterinnen hier sind sehr hilfsbereit und herzlich. Ich finde es für mich persönlich sehr schön, an Lesewelt geraten zu sein. Ich fühle mich als kleiner Tropfen, der dazu beiträgt, vielleicht einmal eine große Frucht wachsen zu lassen.«

---

1 Senatsverwaltung für Schule, Jugend und Sport (Hrsg.): Berliner Sprachstandserhebung und Materialien zur Sprachförderung für Kinder in der Schuleingangsphase. Berlin 2001

Die Welt des Lesens

VON GILDA PETZOLD

»Das Klischee vom kleinen Bücherwurm, der vereinsamt und vor der realen Welt flieht, passt meiner Meinung nach oft einfach nicht. Lesen ist keine Flucht, sondern ein Abenteuer. Das wiederum setzt Mut und Aktivität voraus. Und es hat zur Folge, dass Leser auch besondere Fähigkeiten erwerben: zum Beispiel das Eintauchen in die Gedankenwelt anderer Menschen.«

Joanne K. Rowling

Leseförderung als gesellschaftspolitische Aufgabe

Die elektronischen Medien werden das Buch verdrängen. Diese Befürchtung teilten viele Menschen in den vergangenen Jahren. Inzwischen gibt es Untersuchungen, die diese These widerlegen. Der Leseranteil an der deutschen Bevölkerung ist gegenüber 1996 unverändert geblieben, wurde im »Lesebarometer« festgestellt. Diese Bestandsaufnahme zum Leseverhalten wurde im Jahr 2000 von der Bertelsmann Stiftung herausgegeben. Die Zahlen belegen diese erfreuliche Nachricht: »Waren es 1996 22 Prozent der Bundesbürger, die eine hohe oder sehr hohe Leseneigung aufwiesen, so sind es 1999 insgesamt 25 Prozent der Befragten. Parallel dazu ist der Anteil derjenigen, die als eher ›buchfern‹ bezeichnet werden können, von 20 auf 15 Prozent gesunken ...«[1]

Das Lesebarometer vermittelt auch noch andere interessante Fakten. Zum Beispiel, dass Frauen lieber und häufiger lesen als Männer. Dieses Phänomen lässt sich in fast allen europäischen Ländern beobachten. Für Lesewelt-Interessierte besonders informativ dürfte die Tatsache sein, dass etwa im Alter von zwölf bis dreizehn Jahren ein so genannter »Leseknick« eintritt. Selbst Schülerinnen und Schüler, die vorher gern zum Buch gegriffen haben, sind nun am Lesen nicht besonders interessiert. Diese Fakten belegen, wie wichtig es ist, Kinder bereits vor diesem Alter mit Büchern vertraut zu machen. Jungen und Mädchen, die den Zugang zu Büchern bis dahin nicht gefunden haben, werden diesen Weg in höheren Altersstufen noch schwerer oder gar nicht finden.

Verändert hat sich die Lesemotivation. Claudia Langen stellt im Lesebarometer fest: »War noch 1996 für die Mehrzahl der Bundesbürger ›Entspannung‹ das wichtigste Lesemotiv, unmittelbar gefolgt von ›Unterhaltung‹, so diente 1999 die Buchlektüre in den meisten Fällen der Information.«[2] Diese Ergebnisse bestätigen, was in vielen Untersuchungen über Bücher und Lesen festgestellt wird: Lesen ist Basisqualifikation. Es ist nicht nur Voraussetzung für die kompetente Nutzung anderer Medien, z. B. des Computers, sondern auch Grundlage für die Teilnahme am gesellschaftlichen Leben, für das schulische und berufliche Weiterkommen sowie für die gesamte persönliche Entwicklung überhaupt.

Besonders Kinder und Jugendliche aus nichtdeutschen Herkunftsfamilien sind hier im Nachteil: »Wirft man noch einen Blick auf die Anteile von Absolventen ausländischer Herkunft des allgemeinbildenden Schulsystems [...], so zeigt sich, dass die Anteile bei den Abgängern mit Hochschulreife 1997 bei 3,7 Prozent lagen, derer mit Fachhochschulreife bei 6,9 Prozent und mit Realschulabschluss bei 7,1 Prozent. Bemerkenswert hoch ist der Anteil mit rund 21 Prozent bei den Hauptschulabgängern ohne Abschluss und bei den Hauptschulabgängern mit Abschluss (rund 15 Prozent).«[3] Das Fazit: Junge Menschen nichtdeutscher Herkunft haben weniger Chancen, eine Lehrstelle und anschließend eine Arbeitsstelle zu finden. Nicht selten gehen sie gleich nach dem Schulabschluss in die Arbeitslosigkeit, sind auf die Hilfen anderer, vornehmlich ihrer Familien, angewiesen.

Ein Grund für das mangelhafte Abschneiden in der Schule ist u. a. darin zu suchen, dass die jungen Menschen häufig zu Beginn ihrer Schullaufbahn der deutschen Sprache kaum mächtig sind und dieses Defizit im Laufe ihrer Schulzeit nicht genügend ausgleichen können.

Eben darum liegt hier einer der Ansatzpunkte für die Tätigkeit von Lesewelt: auch Kindern nichtdeutscher Herkunft zu helfen, ihre Lesefähigkeiten zu verbessern und damit ihren Zugang zur deutschen Sprache zu fördern. Selbst wenn diese Kinder und Jugendlichen die deutsche Schrift und Sprache einmal ansatzweise beherrschen, sind sie als Teil einer sprachlichen Minderheit in Deutschland und in Zusammenhang mit sozialen und ökonomischen Problemen der Gefahr des so genannten »funktionalen Analphabetismus« ausgesetzt. Das bedeutet, dass sie ihre einmal erworbenen Kenntnisse auf diesem Gebiet durch Nichtgebrauch weitestgehend wieder verlieren. Es wird in diesem Zusammenhang auch von einem »Verlust der Lese- und Schreibfähigkeit« gesprochen.[4]

Doch auch deutsche Kinder weisen zunehmend größere Defizite in ihren Lesefähigkeiten und ihrem Sprachgebrauch auf. Immer mehr Lehrer beklagen sich über die Schwierigkeiten, die Jungen und Mädchen beim Lesenlernen haben.

Die Initiatoren von Lesewelt e.V. sehen Leseförderung als gesellschaftspolitische Aufgabe. Sie sehen ihre Tätigkeit als Ergänzung zu anderen Formen und Initiativen der Leseerziehung und Leseförderung und führen Kinder außerhalb von Schule und ohne Leistungsdruck an Bücher heran. Im Umgang mit Büchern soll an den Vorlesenachmittagen die Freude im Vordergrund stehen.

Lesen ist für alle gut oder Wie einem Gespenst der Kampf angesagt wird

> »Ein Gespenst geht um im Land. Es gibt wohl kein Haus, in dem es nicht wohnt. Es erschreckt alle. Es droht, sich einnisten zu wollen [...]. Denn die Folgen, die das Gespenst anrichtet, sind schlimm. Wenn die Kinder nicht mehr lesen, verarmt ihre Phantasie, verkümmert ihre Sprache, verkürzt sich ihr Denken, schrumpft ihr Verstand, entfalten sich ihre Interessen nur ansatzweise, wird ihre Neugier nicht gestillt, bringen sie sich selbst um ein Stück Leben, das zum Schönsten gehört, was einem Menschen geschenkt wird.«[5]

Das ist ein Auszug aus einer Geschichte, mit der Hans Gärtner sein Buch »Spaß an Büchern« beginnt. Er schrieb die Geschichte statt eines Vorwortes. Es kann einem schon gruselig werden beim Lesen dieser Zeilen. Verkümmern, verkürzen, verarmen ... die Phantasie schlägt Purzelbäume. Laufen, wenn keiner mehr liest, nur noch kleine hässliche Gnome durchs Land? Mal sehen, ob sich eine Antwort finden lässt.

Es wurde bereits gesagt: Lesenkönnen ist eine wichtige Voraussetzung für die schulische und berufliche Entwicklung eines jeden Menschen. Lesen ist überhaupt wichtig für die Persönlichkeitsentwicklung. Die folgenden Argumente stützen sich vornehmlich auf eine Materialsammlung der Stiftung Lesen. Zusätzlich fließen Erfahrungen von Vorleserinnen und Vorlesern sowie anderen freiwilligen Mitarbeiterinnen und Mitarbeitern von Lesewelt in die Überlegungen ein.

Lesen ist eine interessante Freizeitgestaltung. Viele Menschen finden es schön, sich mit einem Buch zurückziehen zu können, in den Ferien oder im Urlaub, an einem langen warmen Sommerabend oder wenn es im Winter früh dunkel wird. Schon Kinder leihen sich gegenseitig Bücher aus, gehen gemeinsam in Bibliotheken oder nutzen Leseecken in den Buchläden. Schließlich kann man sich nicht jedes Buch kaufen. Somit bedeutet Lesen nicht zwangsläufig Rückzug oder Alleinsein, sondern kann als Ausgangspunkt für viele Unternehmungen dienen. Manchmal ist Lesen Eintauchen in Traumwelten, Ablenkung vom anstrengenden Alltag in Schule oder Beruf.

Lesen regt unsere Phantasie an. Jeder, der hin und wieder ein Buch zur Hand nimmt, kann erfahren, wie während des Lesens die Bilder im Kopf entstehen. Figuren bekommen ein Gesicht, eine Stimme, Kleidung. Landschaften, Häuser, Höhlen, Prinzen und Drachen nehmen Gestalt an. Wie sehr die Vorstellungskraft gearbeitet hat, wird uns oft erst dann bewusst, wenn ein geliebter Roman verfilmt wurde und der eine oder andere Leser enttäuscht im Kino sitzt, weil er sich das alles ganz anders vorgestellt hat. Jerome L. Singer, Professor für Psychologie an der Yale University, schrieb bereits 1979: »Meiner Meinung nach besteht kein Zweifel an der engen Verbindung zwischen dem Lesen und dem Trainieren der Vorstellungskraft. Lesen liefert sowohl genaue Inhalte als auch die Stimulation für bildhaftes Denken und die Fähigkeit zu verbaler Begriffsbestimmung.«[6] In diesem Zusammenhang geht Singer auf die positive Entwicklung der bildlichen Vorstellungskraft beim Lesen ein. Im Vergleich zur Verarbeitung visueller Bilder, z. B. beim Fernsehen, stehe das Kind beim Lesen vor einer erheblich schwierigeren Umsetzung. Die gedruckten Symbole, also Buchstaben, müssten gedanklich in Geräusche umgesetzt, nach Gruppen geordnet, in zusammenhängende Begriffe gefasst und diese dann zu Sätzen geformt werden. Das sei anstrengend, aber gerade jene Bilder, die unter erheblichen Schwierigkeiten entstünden, seien eher wirklicher Besitz des Lesers und daher auch nachhaltiger.

Lesen kann Wegweiser sein in der Vielfalt der Eindrücke und Erlebnisse, die das Leben bereithält. Denn Phantasie und Kreativität sind geistige Schätze, deren Vorhandensein in vielen Lebenslagen nützlich sein kann. In ausweglos scheinenden oder schwierigen Situationen finden phantasievolle und kreative Menschen eher einen Weg bzw. eine Lösung. Außerdem bieten Bücher die Möglichkeit, von den Erfahrungen anderer zu lernen. Ob Schule, Beruf, Freizeit, Familie, Sport o. Ä. – in allen Bereichen des Lebens gibt es Situationen, die andere Menschen so oder so ähnlich bereits erlebt haben. Manche Leute schreiben ihre Erfahrungen auf und bieten damit Lesern die Gelegenheit, davon zu profitieren oder sich über die Gedanken fremder Menschen mit eigenen Ideen und Vorstellungen auseinander zu setzen.

Lesen kann Abenteuer und Entdeckungsreise sein. Spannende Geschichten entführen Leser in ferne Länder, zu geheimnisvollen Orten und sagenumwitterten Gestalten. Bücher helfen, die Welt zu entdecken. Es ist unmöglich, alle Wunder dieser Welt mit eigenen Augen zu bestaunen. Durch Bücher lernen wir sie kennen.

Lesen fördert die Entwicklung der Sprachfähigkeit. Gerade für Kinder aus Familien, in denen nicht oder nur wenig Deutsch gesprochen wird, ist das Lesen eine gute Möglichkeit, ihre sprachlichen Fähigkeiten zu entwickeln. Buchstaben und Silben müssen zu ganzen Wörtern und Sätzen zusammengefügt werden – ein Prozess, der durch lautes Lesen unterstützt werden kann.

Lesen erweitert die kommunikative Kompetenz. Es unterstützt nämlich nicht nur die sprachliche Entwicklung eines Menschen, sondern trägt dazu bei, seinen Wortschatz zu erweitern. Viel lesende Menschen sind besser in der Lage, sich wortgewandt auszudrücken und Dinge differenziert zu beschreiben. Das hilft ihnen, sich in schwierigen Situationen, z. B. in Konflikten, gewaltfrei auseinander zu setzen. Menschen, die nicht wissen, wie sie mit Worten argumentieren können, schlagen zu oder ziehen sich zurück. Gewalt ist oftmals auch eine Folge von Sprachlosigkeit. Auch für die Kontaktaufnahme mit anderen, fremden Personen ist das Beherrschen der Sprache eine wichtige Grundlage. Menschen, die sich gut ausdrücken können, lebendig erzählen und berichten, können schneller den Kontakt zu anderen finden, im privaten oder öffentlichen Bereich gleichermaßen.

Lesenkönnen ist Voraussetzung für die berufliche Entwicklung, denn Bildung ist eng mit Lesen verbunden. Fernsehen zum Beispiel ist oberflächliches Konsumieren von Wissen. Die Bilder und Sätze rasen am Zuschauer vorbei, ohne dass er die Informationen wirklich verinnerlichen kann. Bücher dagegen bieten die Möglichkeit des Vor- oder Zurückblätterns. Ein Satz oder ein ganzer Abschnitt kann so oft gelesen werden, bis er inhaltlich vollständig erfasst wurde.

Lesen ist Basis für Medienkompetenz. Lange Zeit wurde davon ausgegangen, dass Fernsehen und Computer den Griff zum Buch verdrängen. Das ist nicht in jedem Fall so. Lesen kann eine positive Wirkung auf den Umgang mit anderen Medien haben. Lesegewohnte Menschen können sich die Informationen, die sie z. B. über das Fernsehen erhalten, sachgerechter erschließen. Da Fernsehbilder nur flüchtig vorüberziehen, dienen sie eher zur Anregung für die Auseinandersetzung mit einzelnen Themen. Bücher bieten die Gelegenheit, sich in Ruhe mit weiterführenden Informationen zu beschäftigen.

Leselust statt Lesefrust

Wer hätte gedacht, wie viel Lesen bewirken kann! Da will erst recht niemand, dass sich das Gespenst einnistet. Und, um auf die oben gestellte

Frage zurückzukommen: Nichtlesende Menschen sind keine Monster. Doch wahrscheinlich wissen sie gar nicht, wie viele schöne Erlebnisse ihnen entgehen und wie viele Erfahrungen sie sich selbst vorenthalten. Darum bleibt Hans Gärtner nicht bei seiner »schaurigen« Beschreibung stehen, sondern macht Mut, den Kampf aufzunehmen:

> »So schwer, wie es scheint, ist es gar nicht, das Gespenst Lesefrust zu vertreiben oder besser noch: es gar nicht erst entstehen zu lassen. Kinder sind leicht für etwas zu gewinnen, was ihnen Freude, Spaß, Vergnügen, Lust bringt. Leselust statt Lesefrust.«

Leselust statt Lesefrust. Genau dieses Motto haben sich auch die Mitstreiterinnen von Lesewelt zu Eigen gemacht. Der Umgang mit Büchern soll Spaß machen und Freude bereiten. Und ganz nebenbei lernen Kinder lesen. Aber so einfach ist das eben doch nicht. Die Schwierigkeit besteht vor allem darin, gerade die Kinder zu erreichen, die es nicht gewohnt sind, ein Buch nur zum Spaß in die Hand zu nehmen. Kinder, die Schwierigkeiten beim Lesen haben, sind demotiviert. Sie greifen nur ungern zum Buch, da mit dem Lesen für sie unangenehme Erfahrungen verbunden sind. Aber sie können ihre Lesefertigkeiten nicht verbessern, wenn sie nicht lesen. Richard Bamberger brachte den Zusammenhang von Lesekompetenz und Lesemotivation schon vor vielen Jahren auf den Punkt: »Viele Kinder lesen keine Bücher, weil sie nicht richtig lesen können. Sie können nicht richtig lesen, weil sie keine Bücher lesen.«[7]

Hans Gärtner empfiehlt, Kinder nicht zu drängen. Sie sollten Zeit haben, selbst auf den Geschmack zu kommen, Buchstaben zu entdecken. Bei Lesewelt spielt auch die persönliche Beziehung eines Kindes zu »seiner« Vorleserin eine große Rolle. Anfangs ist es für das eine oder andere Kind eine neue Erfahrung, so intensive persönliche Zuwendung zu erhalten. Erst allmählich entdeckt es, wie spannend Geschichten sein können und wie viel Vergnügen mit Büchern verbunden sein kann. Es verlangt von den Vorleserinnen und Vorlesern oft großes Geschick und viel Geduld, gerade buchferne Kinder für das Lesen zu begeistern. Häufig sind die Vorleserinnen und Vorleser bei der Auswahl der Bücher auch unsicher, da sie aus verschiedensten Gründen nicht auf dem aktuellen Stand der Kinder- und Jugendliteratur sind. Da ist die Beratung durch die Bibliothekare vor Ort sehr hilfreich, wie auch Gespräche der Vorleserinnen und Vorleser untereinander. Sie können ihre Erfahrungen zum Beispiel darüber austauschen, welche Bücher bei den Kindern beliebt sind.

»Wenn ich selbst mal Vorleser bin ...«

Haben die jungen Zuhörer erst Freude am Vorlesen gefunden, kommen sie gern immer wieder zu den Vorlesenachmittagen. So wie diese Lesewelt-Kinder:

Von Lesewelt hat mir meine Freundin erzählt. Ich gehe in die Bibliothek zum Vorlesen, weil ich besser lesen lernen und meine Lesenote verbessern will.

Muran, 12 Jahre

Ich möchte auch Vorleserin werden, dann vergeude ich meine Zeit nicht. Zu Lesewelt komme ich, weil ich dann ein Buch bekomme und weil es mir gefällt, zu lesen.

Alisan, 9 Jahre

Ich komme zu Lesewelt, weil es mir Spaß macht. Als ich klein war, haben mir meine Eltern Geschichten vorgelesen. Jetzt habe ich keine Bücher mehr, meine kleine Schwester hat alle zerrissen.

Namona, 11 Jahre

Ich bin zufällig zu Lesewelt gekommen, als ich in der Bibliothek war. Meine Lieblingsbücher sind »Aschenputtel« und »Die Schöne und das Biest«. Später will ich selbst vorlesen, weil Sportlerinnen auch lesen.

Sarah, 10 Jahre

Carmen Stürzel hat mir von Lesewelt erzählt. Mir macht es Spaß, wenn vorgelesen wird. Und ich lerne dann besser lesen. Wenn ich selbst mal Vorleser bin, kann ich auch anderen Kindern helfen, besser zu lesen.

Filiz, 10 Jahre

Ich habe in der Schule erfahren, dass man bei Lesewelt Geschichten hören kann und vielleicht auch mal alleine lesen.

Anja, 8 Jahre

Lesefrühförderung durch Bilderbücher

Leseförderung sollte möglichst schon im frühen Kindesalter beginnen. Je eher die Kinder entdecken, dass Lesen eine interessante Freizeitgestaltung ist, desto größer ist die Chance, dass sie auch in späteren Jahren öfter mal zum Buch greifen.

In der Schrift »Buch – Partner des Kindes« stellen die Autoren dar, wie Bücher die Persönlichkeitsentwicklung von Kindern in den ersten acht Lebensjahren beeinflussen können. Diese Ausführungen sind Grundlage der folgenden Überlegungen.[8]

Schon Bilderbücher können Kindern helfen, sich in der Wirklichkeit zurechtzufinden. Vereinfachte Darstellungen in klar umrissenen Bildern regen dazu an, sich mit Erlebtem auseinander zu setzen. Gerade kleinere

Kinder benötigen diese Hilfe. Noch weniger als größere sind sie in der Lage, die vielfältigen Eindrücke, die täglich auf sie einwirken, zu sortieren und zu verarbeiten.

Bilderbücher, die darauf zielen, »brave« Kinder zu erziehen, sollten längst passee sein. Bestes und viel diskutiertes Beispiel ist der »Struwwelpeter«. Aus einer ausschließlich autoritären Erziehungshaltung heraus wird den Kindern gezeigt, was passiert, wenn sie sich nicht der Norm gerecht verhalten. Heute sind Bilderbücher gefragt, welche Kindern verschiedene Modelle sozialen Verhaltens anbieten und dazu beitragen, sich mit Problemen auseinander zu setzen und Verständnis für verschiedene Lebensformen zu entwickeln. Idealerweise werden Kinder beim Anschauen der Bücher nicht allein gelassen, sondern von Erwachsenen begleitet. Diese können Kinder anregen, eigene Probleme anzusprechen und gemeinsam Lösungsmöglichkeiten zu entwickeln.

Bilderbücher können die Gefühle von Kindern ansprechen und dabei die Entwicklung von Empathie und Fremdverstehen fördern. Gelingt es Autoren und Illustratoren, dass sich Kinder mit Handlungen und Personen identifizieren, helfen sie ihnen gleichzeitig, sich auch in andere Personen hineinzufühlen und mit ihnen Freude und Leid empfinden zu können. Mit Unterstützung können Kinder dabei lernen, Handlungen und Ereignisse auch kritisch zu hinterfragen.

Bilderbücher können die sprachliche Ausdrucksfähigkeit von Kindern fördern. Auch textlose Bücher sind ein wichtiger Teil der Sprachentwicklung. Durch das Benennen von abgebildeten Gegenständen oder Lebewesen lernen Kinder den Dingen einen Namen zu geben, Begriff und Wort miteinander zu verbinden. Später können sie einfache Sachverhalte erkennen und benennen, und in der weiteren Entwicklung sind sie in der Lage, anhand der bildlichen Darstellungen kleine Geschichten selbst zu erzählen.

Bilderbücher können einen Beitrag leisten, den Bildungshunger von Kindern und ihre Freude am Lernen anzuregen. Indem Bücher an das Erleben der Kinder anknüpfen, können sie zur Befriedigung der kindlichen Neugier beitragen und ihren Forscherdrang unterstützen.

»Mit der richtigen Geschichte bekommt man jedes Kind zum Lesen!«

Cornelia Funke ist eine der erfolgreichsten und beliebtesten deutschen Kinderbuchautorinnen. Für ihre bisher 40 Bücher hat sie bereits zahlreiche Preise und Auszeichnungen bekommen. Die meisten ihrer Bücher hat sie auch selbst illustriert. Für ihre phantastischen Geschichten wie der hoch gelobte »Drachenreiter«, der »Herr der Diebe« oder das witzig-skurrile »Piratenschwein« erhält sie Berge von Fanpost, die nur noch vom Rummel um »Die Wilden Hühner« übertroffen werden. »Cornelia Funke ist eine unglaublich mitreißende Vorleserin; ihr zuzuhören ist ein richtiges Erlebnis«, schwärmt Judith Richter vom Cecilie Dressler Verlag, in dem dieses Interview geführt wurde. Cornelia Funke spricht darin über ihre Arbeit und erzählt, was gute Kinderbücher ausmacht.

Ihr erstes Buch ist 1988 erschienen. Vorher haben Sie Texte anderer Autorinnen und Autoren illustriert. Wie sind Sie zum Schreiben gekommen?

Der Auslöser war, dass ich als Illustratorin Texte bekam, mit denen ich nichts anfangen konnte. Als begeisterte Vorleserin hatte ich Erfahrungen gesammelt, welche Dinge für Kinder ganz wichtig sind. Diese Dinge vermisste ich häufig in den vorgegebenen Texten. Außerdem gab es viele Geschichten, die sich nicht zum Vorlesen eigneten. Deshalb habe ich mich eines Tages hingesetzt und mein erstes Buch geschrieben.

Woher wissen Sie so gut, was Kinder mögen oder nicht?

Ich bin einfach gerne mit Kindern zusammen. Ich finde sie sehr bereichernd und aufregend. Sie haben viele ungewöhnliche Ideen und unbelastete Köpfe, sie sind noch ganz offen für alles und sehen vieles, was wir Erwachsenen nicht mehr sehen.

Testen Sie Ihre Bücher während des Schreibens an Kindern?

Ja, inzwischen lese ich sie meinen eigenen Kindern vor. Ich finde das sehr hilfreich, weil ich dadurch merke, welche Stellen eventuell unverständlich sind, was zu schnell geht etc. Ich mag es auch nicht, wenn in Kinderbüchern Begriffe benutzt werden, die Kinder überhaupt nicht verstehen können. Man muss ihnen den richtigen »Schlüssel« für das Geschehen in die Hand geben, ohne dass die Sprache deswegen kindisch oder zu einfach wird.

Was macht Ihrer Meinung nach ein gutes Kinderbuch aus? Was sollte es enthalten?

Ich bin der Meinung, dass Kinderbücher auf sehr unterschiedliche Weise gut sein können. Meine Art ist es, entweder phantastische Geschichten zu erzählen – was ich sehr gerne mache – oder realistische, in denen dann das Alltagsabenteuer lauert. Ich hoffe immer, dass die Realität in meinen Geschichten nicht zu kurz kommt, aber ich bin eigentlich keine Autorin, die sich zuerst ein Problem aussucht und drum herum die Geschichte spinnt, sondern stolpere eher über eine Geschichtenidee, die ich dann weiterentwickle. Auf alle Fälle glaube ich, dass man mit der richtigen Geschichte jedes Kind zum Lesen bekommt. Ganz bestimmt!

Ein zentrales Thema ist bei Ihnen die Freundschaft bzw. der Gedanke »Gemeinsam sind wir stark« ...

Ja. Ich bin der Meinung, dass man nur gemeinsam etwas schafft und dass alles, was man nur für sich alleine macht, eine gewisse Begrenztheit hat, weil man dadurch blind gegenüber bestimmten Sachen ist. Ich glaube sehr an den befruchtenden Einfluss von anderen. Natürlich gibt es in meinen Geschichten noch viele andere Grundmotive – das Überwinden der Angst zum Beispiel, Figuren, die nicht das sind, was sie zu sein scheinen, die Entdeckung, wie bizarr und vielfältig die Welt ist, Mitleidlosigkeit. Und so weiter und so weiter. Eine gute Geschichte sollte viele Motive haben!

Die Hauptfiguren in Ihren Büchern sind in der Regel ganz normale Jungen und Mädchen mit Ängsten und Träumen. Sind sie von Ihnen extra so angelegt, damit Kinder sich mit den Figuren identifizieren können?

Ich finde alltägliche Helden einfach interessanter. Vor allem ist es ja ein ganz interessanter Effekt, sie in ungewöhnliche Situationen zu stecken und zu sehen, was dann passiert. Der Zauber einer Geschichte entwickelt sich immer nur, wenn man mitleidet, wenn man mit den Helden mitzittert, mitfühlt. Und das kann man nur mit jemandem, der einem nahe kommt.

Erhalten Sie viele Leserreaktionen auf Ihre Bücher?

Ja. Ich bekomme bergeweise Kinderpost. Mit den Briefen fülle ich eine Schatzkiste nach der anderen. Die Kinder schicken Lesezeichen, Porzellanschneemänner, Hühnerfedern und viele, viele Fotos und selbst gemalte Bilder. Und die Briefe enthalten oft die wildesten Anregungen. Oft schreiben mir die Kinder auch, wie gerne sie die Namen in meinen Büchern mögen. Ich gebe mir auch sehr viel Mühe mit den Namen, weil ich genauso wie Kinder vom Klang der Sprache fasziniert bin. Ich glaube, es wird heute oft unterschätzt, dass Sprache in erster Linie etwas Klingendes ist. Man sollte versuchen, so zu schreiben, dass alles, was man vorliest, klingt und fließt.

© Cecilie Dressler Verlag Hamburg 2002, Abdruck mit freundlicher Genehmigung

Gute Bilderbücher – schlechte Bilderbücher?

Wer die Wahl hat, hat die Qual. Das Angebot an Bilderbüchern ist riesig. In den ersten Lebensjahren sind Kinder auf die Auswahl der Bücher durch Erwachsene angewiesen, die sich dann schon mal an den Bucherinnerungen ihrer Kindheit orientieren. Viele ältere Menschen haben ihr Lieblingsbuch aus der Kindheit noch im Schrank versteckt. Das ist an sich natürlich sehr erfreulich, doch sollten sich Erwachsene bei der Auswahl von Kinderbüchern auch nach gegenwärtigen Kriterien richten. Nicht nur der Lesegeschmack von Kindern hat sich verändert, auch ihre Erlebniswelten und Problemlagen unterscheiden sich deutlich zu denen von »früher«.

Wonach also können sich Vorleserinnen bei der Auswahl von Bilderbüchern richten? Eine Anregung zur Orientierung gibt Manfred Marquardt, der in seiner »Einführung zur Kinder- und Jugendliteratur« verschiedene Auswahlkriterien zusammengestellt hat.[9] Er unterscheidet zwischen äußerer und inhaltlicher Gestaltung.

Äußere Gestaltung
- Die Größe der Bildseiten ist wichtig, damit alle Kinder die Bilder gut erkennen können.
- Die Bilder sollten überschaubar und klar umrissen sein.
- Die farbliche Gestaltung sollte zum Inhalt des Buches passen, denn Farben beeinflussen emotional den Eindruck von Büchern auf Kinder.
- Schwarz-weiß illustrierte Bücher sollten kräftig abgesetzte Formen und Flächen aufweisen.

Inhaltliche Gestaltung
- Handlungsreiche Bilder, Darstellungen von Konflikt- und Problemsituationen sowie offene Fragen fordern die Kinder zum Sprechen heraus und unterstützen ihre sprachlichen und kognitiven Fähigkeiten.
- Bilderbücher sollten am Erfahrungsbereich der Kinder anknüpfen.
- Der Begleittext sollte dem kindlichen Sprachvermögen entsprechen und in eindeutiger Beziehung zum Text stehen.
- Bilderbücher sollten Kinder in ihren positiven Erfahrungen bestärken, aber auch keine heile Welt vorgaukeln. Idealerweise werden

Handlungsalternativen und Hilfen zur Bewältigung von Problemsituationen angeboten.
- Die Verhaltensmuster in Bilderbüchern sollten auf demokratischer Basis beruhen und nicht althergebrachte Rollenmuster konservieren.
- Bilderbücher sollten Kinder durch Bild und Text ermutigen, Erlebtes, Gehörtes und Gesehenes kritisch zu betrachten.

Manfred Marquardt fügt am Ende hinzu, dass nur wenige Bilderbücher allen Kriterien entsprechen werden. Dennoch können die ausgewählten Merkmale hilfreich sein, den kritischen Blick von Vorlesenden zu schulen.

»Das ganze Bildungssystem muss auf den Kopf gestellt werden«

Seit 1988 entwickelt die Stiftung Lesen zahlreiche Projekte, um das Lesen in der Medienkultur zu stärken: von Schulkampagnen über Buchhandelsaktionen bis hin zu Forschungsstudien. Zwei Schwerpunkte sollen noch weiter ausgebaut werden: die vorschulische und die schulische Leseförderung. In einem Gespräch mit Ulrike Fritzsching äußert sich Geschäftsführer Professor Dr. Klaus Ring über die bildungspolitischen Forderungen und die vielfältige Arbeit der Stiftung Lesen. »Die Leselust beginnt im Elternhaus«, meint der Experte, »lesen Sie Ihren Kindern vor!«

Warum sollen Kinder schon möglichst früh zu begeisterten »Lesern« werden, lange bevor sie das Lesen technisch erlernen?

Die Ergebnisse der modernen Hirnforschung zeigen, dass schon in der frühen Kindheit die kognitiven Voraussetzungen für die weitere intellek-

tuelle Entwicklung des Kindes geschaffen werden. Für diesen Prozess spielen Vorlesen und Lesen eine wesentliche Rolle. Zudem ist der Erwerb der Lesefähigkeit zeitlich begrenzt, die Basis wird im Alter von fünf bis sechs Jahren gelegt. Forscher sprechen auch von einer Altersgrenze, die bei 13 bis 15 Jahren liegt – wer bis dahin nicht lesen gelernt hat, wird sich sehr schwer tun.

Die schlechten Ergebnisse der deutschen Schüler in der internationalen Pisa-Studie lösten eine längst fällige bildungspolitische Debatte aus. Welche Forderungen bringt die Stiftung Lesen in diese Debatte ein?

Die Pisa-Studie belegt erneut, dass nichts so viel Einfluss auf den Bildungserfolg hat wie die Beherrschung der Sprache bei Schulbeginn. Daneben wissen wir aus Schuleingangsuntersuchungen, dass über 20 Prozent der Schulanfänger Sprachdefizite haben. Dies wirkt sich aber nicht nur verheerend auf den späteren Erwerb der Lesefähigkeit aus, sondern auch auf die Entwicklung der Lernfähigkeit generell. Es zeigt, dass diese Kinder nicht gut genug auf den Schulbeginn vorbereitet waren. Neben zweifellos nötigen schulischen Maßnahmen ist daher vor allem die vorschulische Betreuung besonders wichtig. Das Bildungssystem muss insofern auf den Kopf gestellt werden.

Was können wir von anderen Ländern lernen – beispielsweise vom lesebegeisterten Finnland, dessen Schüler ja um einiges besser abgeschnitten haben?

In der finnischen Bevölkerung hat Bildung einen sehr hohen Stellenwert. Das beginnt mit einer vorbildlichen individuellen Kindergartenbetreuung unter starker Einbeziehung der Eltern. Wer die finnische Sprache nicht beherrscht, wird nicht eingeschult, sondern erhält Sprachkurse. Es stehen auch mehr Sprach- und Sozialtherapeuten zur Verfügung. Der Lehrerberuf ist gesellschaftlich hoch angesehen. Lehrer gehen mehrmals im Jahr zu Fortbildungen. Das alles führt dazu, dass sich die besten Schulabsolventen für diesen Beruf entscheiden.

Werden Sie von Politikern um Beratung gebeten?

Ja, mehr und mehr, wenn auch noch nicht im wünschenswerten Umfang. Die Stiftung Lesen berät einzelne Ministerien. Medizinisch gesprochen, liefern wir Diagnosen, aber die Therapievorschläge gleich dazu. So gibt es inzwischen Pläne einzelner Kultusministerien, sich auch der vorschulischen »Bildung« anzunehmen. Das ist eine interessante Entwicklung, an der die Stiftung Lesen durch ihre Empfehlungen beteiligt ist. Die vorschulische Betreuung fällt ja ursprünglich ins Ressort der Familienministerien.

Wenn Sie als Leseförderungs-Minister nun konkrete Maßnahmen ergreifen dürften, was würden Sie als Erstes in die Tat umsetzen?

Ich würde mich zunächst auf den Ausbau von kreativen Kindergärten und Kindertagesstätten konzentrieren. Vor allem für die rund 23 Prozent der so genannten Pisa-Problemkinder mit ihren Lese-, Schreib- und Verständigungsschwierigkeiten bekommt der Kindergarten eine besondere Aufgabe. Ich würde den Kindergarten zu einer qualifizierten, natürlich kindgerechten »Bildungseinrichtung« ausbauen. Jedes Kind muss entsprechend seiner Stärken und Schwächen sehr viel individueller gefördert werden. Dafür brauchen wir weit mehr qualifizierte Erzieherinnen und Erzieher. Wir müssen stärker in die Aus- und Weiterbildung der Erzieherinnen und Erzieher investieren, aber auch in die materielle Ausstattung der Kindergärten, in denen es viel zu wenig Bücher gibt.

Wie gewinnt man die Eltern für diese wichtige Aufgabe?

Ohne Eltern, das ist unsere Erfahrung, läuft nichts oder wenig. Die Appelle der Erzieherinnen und Erzieher nützen leider meist gerade dort nichts, wo sie am allernotwendigsten wären. Nach unserer Erfahrung geht es vor allem darum, die Kinder selbst für das Lesen und Vorlesen zu begeistern. Wenn dies gelingt, werden sie ihren Eltern von den Geschichten erzählen und sie bitten, ihnen selber auch vorzulesen.

Mit welchen Projekten fördert die Stiftung Lesen das vorschulische Vorlesen?

Es ist uns zum Beispiel sehr wichtig, auch außerhalb des Kindergartens an die Eltern heranzukommen. »Macht die Kindheit lebendig« heißt ein Kooperationsprojekt mit einem Drittel aller niedergelassenen Kinderärzte in Deutschland. Die Ärzte geben Vorschläge im Sinne der Sprach- und Leseförderung an die Mütter weiter, die mit ihren kleinen Kindern regelmäßig zu den Vorsorgeuntersuchungen kommen. Wir liefern ihnen entsprechende Informationsmaterialien und statten sie mit kleinen Wartezimmerbibliotheken aus. Eines der wichtigsten Projekte ist das der »Vorlesepaten«, die im Zuge der Pisa-Studie zusätzlich Rückenwind erfuhren. Ohne das ehrenamtliche Engagement von Vorlesern und Vorleserinnen ist die Leseförderung einfach undenkbar.

Wie gewinnen Sie neue Vorlesepaten?

Erfreulicherweise ist das Interesse am Vorlesen so groß, dass sich zukünftige Vorlesepaten direkt an uns wenden, um an unseren Vorleseseminaren teilzunehmen. Aufgrund der großen Nachfrage intensivieren wir unsere regionalen Netzwerke und bauen die Kontakte zu Multiplikatoren vor Ort weiter aus.

Mit Ihren Projekten wollen Sie breite Bevölkerungskreise für das Lesen gewinnen. Welche Kooperationen haben sich dafür als besonders fruchtbar erwiesen?

Langjährige Partner der Stiftung Lesen in Sachen Leseförderung sind Buchhandel und Bibliotheken. In vielen Projekten arbeiten wir erfolgreich zusammen, indem wir unsere Aktionen vernetzen. Prominentestes Beispiel ist wohl der »Welttag des Buches«, an dem auch die Medien verstärkt über Leseförderungsaktivitäten berichten. Und natürlich brauchen wir ganz dringend unsere Projektpartner aus Wirtschaft, Industrie und Medienwelt, die als Sponsoren die Kampagnen der Stiftung Lesen erst möglich machen.

Wie unterstützen Sie externe Leseinitiativen? Wie fördern Sie deren Vernetzung?

Als gemeinnützige Stiftung, die sich fast ausschließlich über Spendengelder finanziert, können wir externe Leseinitiativen zwar nicht finanziell, aber doch mit unserem Know-how unterstützen. Diese Unterstützung richtet sich zum einen an die Vorlesepaten – durch Vorleseseminare und durch die Mitgliedschaft im Vorleseclub. Zum anderen an unterschiedliche regionale Multiplikatoren, die als Projektpartner zusammengeführt werden. Die Stiftung Lesen versteht sich als Vermittler zwischen den Generationen und als Schaltstelle für die Koordination unterschiedlicher Institutionen.

In manchen Orten boomt die Vorlesebegeisterung, in anderen wiederum gibt es keinen einzigen Vorlesepaten. Woran liegt das?

Der ideale Vorleserahmen ist nicht von der Größe einer Stadt abhängig, sondern vom persönlichen Engagement Einzelner und der Unterstützung durch regionale Institutionen. Vor 25 Jahren fand in Mainz die erste Vorlesestunde im Gutenberg-Museum statt. Mittlerweile sind 40 Einrichtungen im Mainzer Vorlesekalender aufgelistet und 50 Vorlesepaten im ständigen Einsatz. In vielen anderen Orten macht dieses Beispiel Schule, und es finden sich engagierte Vorleser, wie ja auch die Berliner Initiative »Lesewelt e.V.« von Carmen Stürzel eindrucksvoll zeigt.

Welche Ratschläge geben Sie einer Leseinitiative mit auf den Weg?

Profunde Literaturkenntnis und der Wunsch, die Begeisterung am Lesen anderen zu vermitteln, sind elementare Voraussetzungen für das Engagement in der Leseförderung. In einem nächsten Schritt sollte man sich erkundigen, welche Leseinitiativen schon existieren und welche Ausrichtung sie haben. Dann kann man sich entweder an bereits existierende Netzwerke anschließen. Oder man formuliert seine eigenen Ideen aus und sucht Verbündete – zum einen Mitarbeiter, zum anderen finanzielle und ideelle Förderer. Ihr Engagement ist der Mühe wert, denn die Kinder werden es ihnen begeistert danken.

1 Langen, Claudia/Bentlage, Ulrike (Hrsg.): Das Lesebarometer. Lesen und Mediennutzung in Deutschland. Eine Bestandsaufnahme. Gütersloh 2000. S. 11

2 ebenda. S. 23

3 Bundesministerium für Bildung und Forschung (Hrsg.): Gutachten zur Bildung in Deutschland. Bonn 2001. S. 22f.

4 Binder, Lucia: Funktionaler Analphabetismus – ein weltweites Problem. In: Beisbart, Ortwin, u. a. (Hrsg.): Leseförderung und Leseerziehung. Theorie und Praxis des Umgangs mit Büchern für junge Leser. Donauwörth 1993. S. 29–38

5 Gärtner, Hans: Spaß an Büchern. Wie Kinder Leselust bekommen. München 1997

6 Singer, Jerome L.: Die süße Droge aus der Bildröhre. In: Stiftung Lesen (Hrsg.): Lesen. Grundlagen, Ideen, Modelle zur Leseförderung. Nürnberg 1990. S. 62

7 Bamberger, Richard: Lese-Erziehung. In: Internationales Institut für Kinder-, Jugend- und Volksliteratur/Österreichischer Buchklub der Jugend (Hrsg.): Schriften zur Jugendlektüre, Band XII. Wien o. J. (Sonderdruck aus: Die Barke, o. O. 1977. S. 105)

8 Hartmann, Waltraud, u. a.: Buch – Partner des Kindes. Wissenswertes über Bücher für die ersten acht Lebensjahre. Ravensburg 1979

9 Marquardt, Manfred: Einführung in die Kinder- und Jugendliteratur. Köln 1995

Vorlesen – ein Abenteuer

VON GILDA PETZOLD

»*Vor allem Eltern können bei Vorschulkindern mehr bewirken, als sie glauben: Einfach, indem sie regelmäßig vorlesen und ihr Kind dabei kuscheln lassen. Dadurch entsteht ein positives Grundgefühl, das sich auch Jahre später beim Lesen unbewusst einstellt.*«
Paul Maar

Lesesozialisation – Orte des Lesens und Vorlesens

Immer wieder steht das Medienverhalten von Kindern im Mittelpunkt von Diskussionen. Oft genug wird hier argumentiert, dass die Kinder weniger fernsehen oder Computer spielen sollten, was in der Grundaussage sicherlich nicht falsch ist. Dennoch ist es unmöglich, Kinder im Medienzeitalter, in dem wir leben, vor eben diesen Medien bewahren zu wollen. Schon Erwachsene können der Versuchung, sich abends vor den Fernseher oder Computer zu setzen, nicht oder nur schwer widerstehen. Deshalb geht es in erster Linie darum, Kinder zu lehren, Medien richtig zu nutzen. Dafür wiederum ist, wie schon erwähnt, Lesen eine der wichtigsten Voraussetzungen.

Der Medienwissenschaftler Horst Heidtmann ist sogar der Meinung, dass es im Nebeneinander der verschiedenen Medien, mit denen Kinder heute aufwachsen, auch tatsächlich keine ästhetische Überlegenheit des Buches gibt – wohl aber die Notwendigkeit, junge Menschen zum Lesen und Verstehen von Texten insgesamt zu befähigen: »Lesekompetenzen können wir in der multimedialen Welt jungen Menschen nur dann erfolgreich vermitteln, wenn wir ihnen Zugänge zu den Texten verschaffen, die für sie attraktiv sind, in welchem Medium auch immer, mit welcher Komplexität auch immer.«[1]

Wichtig bleibt dabei gerade für kleinere Kinder noch immer das Medium Buch. Heinrich Kreibich, Geschäftsführer der Stiftung Lesen, stellt in seiner Betrachtung zur Lesesozialisation in Familie und Kindergarten die These auf, dass Vorlesen die entscheidende Grundlage für die Lesemotivation von Kindern sei.[2] Familie ist ein Ort, an dem Vorlesen sehr nachhaltig wirkt. Hier bietet sich die Möglichkeit, Vorlesen in vertrauter Umgebung stattfinden und damit eine enge persönliche Beziehung entstehen zu lassen.

Lesefreundliche Eltern können Vorlesen als Ritual nutzen, um mit ihren Kindern ins Gespräch über die vielfältigsten Themen, Sorgen, Freuden und Probleme zu kommen. Leider lassen sich viele Eltern diese Gelegenheit entgehen. Als allabendliche Fernsehzuschauer stehen sie für ihre Kinder als Ansprechpartner kaum zur Verfügung und sind ebenso wenig Vorbild in Sachen Lesen.

Die elterliche Einstellung zum Lesen kann das Leseverhalten von Kindern positiv beeinflussen. Aus der Leseforschung der letzten Jahre lässt sich laut Kreibich feststellen, dass das Selbst-Lesen der Eltern ein entsprechendes Leseklima schafft, auf dessen Nährboden das Interesse für Bücher gedeihen kann. Das Interesse von Eltern an der Lesemotivation ihrer Kinder ist eng mit der Schule verbunden. Während des Leselernprozesses achten noch viele Eltern darauf, dass ihr Kind regelmäßig ein Buch zur Hand nimmt, um Lesen zu üben. Ist dieser Prozess abgeschlossen, ist für viele Mütter und Väter das Thema Lesen erledigt.

Statt von ihren Eltern hören Kinder Geschichten von anderen Stimmen, denn einen rasanten Einzug in die Kinderzimmer haben Kassetten genommen. Sicherlich ist dies eine akzeptable Alternative zu dauerhaftem Fernsehkonsum, da durch Zuhören keine vorgefertigten Bilder geliefert werden und der Phantasie reichlich Platz bleibt. Trotzdem sollten Kassetten nicht Rituale wie allabendliches Vorlesen verdrängen. Denn die persönliche Beziehung, die zwischen Zuhörer und Vorleser entsteht, kann durch nichts ersetzt werden.

In der Schule ist das Buch wichtigstes Medium, aus dem Schülerinnen und Schüler Informationen beziehen. Das könnte ein Grund dafür sein, dass gerade die Kinder und Jugendlichen, für die Schule problematisch und stressbehaftet ist, Büchern und Lesen gegenüber eher abgeneigt sind. Diese Altersgruppe assoziiert mit Lesen eher Arbeit und Anstrengung als Vergnügen und Entspannung. Lesen in der Schule passiert in den ersten Klassenstufen unter dem Druck von Leistung und Zensuren. Schließlich müssen die Kinder richtig und gut lesen lernen, wenn sie auch die höheren Klassenstufen bewältigen wollen. Trotzdem sollten Bücher auch in der Schule nicht nur als Informationsquelle dienen. Auch schon die Fibel kann durch lustige, spannende und Neugier weckende Texte Spaß am Lesenlernen und später am Lesen bereiten.

Ebenso wie in Familien sind Kassetten auch in Kindergärten inzwischen weit verbreitet im Einsatz. Erfreulicherweise gibt es eine Reihe engagierter Erzieherinnen, die entgegen diesem Trend regelmäßig zum Buch greifen und den Kindern vorlesen. Davon können gerade die Jungen und Mädchen profitieren, bei denen diese Art der Zuwendung im häuslichen Bereich auf wenig Interesse stößt. Nicht nur Familie, Schule und Kindergarten können Orte für Lesesozialisation sein. So kommt Ulrich Saxer zu dem Schluss: »Lesen als lebenslange Aktivität beruht mithin auf zahlreichen Voraussetzungen, namentlich einer gesamtgesellschaftlichen und familiären Lesekultur, einer jugendgerechten Leseerziehung in der Schule und einem leseförderlichen Freizeitmilieu.«[3]

Der Verein Lesewelt hat seinen Ansatz außerhalb von Schule, Kindergarten und Familie gefunden. Lesen soll hier nicht Verpflichtung und Leistungsnachweis sein, sondern in erster Linie mit Spaß und Freude verbunden werden. Lesen ohne »pädagogischen Zeigefinger«. Der Umgang mit Büchern bei Lesewelt bedeutet:

- freiwillige Teilnahme
- kein Leistungsdruck
- Beteiligung bei der Buchauswahl
- Nachfragen erlaubt und erwünscht
- Konzentrationsfähigkeit bestimmt die Dauer des Vorlesens
- Spaß und Freude stehen im Mittelpunkt.

Doch Vorlesen ist mehr als nur Spaß. Es heißt auch, Verantwortung den Kindern gegenüber zu übernehmen. Vorlesen kann eine sehr persönliche Begegnung sein, bei der zwischen Vorlesendem und Kind eine vertraute Beziehung entsteht. Hans Gärtner nennt das eine Art soziales Gefüge, das gekennzeichnet ist durch gegenseitiges Vertrauen und Sympathie. Die Verantwortung von Vorleserinnen und Vorlesern besteht vor allem darin, dieses Vertrauen nicht zu enttäuschen und zu missbrauchen. Schon unregelmäßiges Erscheinen zu den Vorlesenachmittagen kann die kleinen Zuhörer frustrieren, schließlich freuen sie sich auf »ihre« Vorleserin. Und die wiederum lernt mitunter viel über die Kinder und ihre Familien, über deren Sorgen, Probleme, aber auch Freuden.

Bibliotheken als Vorleseorte haben entscheidende Vorteile. Es sind ausreichend Bücher zum Vorlesen vorhanden, und die Bibliothekarinnen und Bibliothekare stehen Vorlesenden bei Bedarf fachkundig zur Seite. Auch die Bibliotheken arbeiten gern mit Lesewelt zusammen. Durch die Teilnahme am Vorlesen lernen viele Kinder Bibliotheken überhaupt erst einmal kennen. Sie lernen auf unkomplizierte Weise, wie man Bücher ausleiht, und entdecken Bibliotheken auch als Orte der Begegnung. Die Zuhörerinnen und Zuhörer von heute sind vielleicht die Nutzer von morgen.

»Die Bibliothek ist durch Lesewelt ein Treffpunkt geworden«

Das Büro von Lesewelt befindet sich in der Jerusalem-Jugendbibliothek im Berliner Stadtteil Wedding. Zwischen den dortigen Mitarbeiterinnen und Lesewelt entwickelte sich eine intensive Zusammenarbeit. Im Interview mit Gilda Petzold berichtet die Leiterin der Bibliothek, Heidrun Hübner-Gepp, über ihre Erfahrungen mit dieser für eine Bibliothek bisher ungewöhnlichen Verbindung.

Frau Hübner-Gepp, welche Erinnerungen haben Sie an den Start von Lesewelt?

Ich betrachtete das Projekt anfangs mit Skepsis, aber mehr noch mit Neugier. Die Skepsis bezog sich vor allem auf die Fragen, ob die Vor-

leserinnen verlässlich sein und welche Menschen in unsere Bibliothek und unseren Kiez kommen würden. Außerdem war ich sehr gespannt darauf, ob sich ein freiwilliges Projekt wirklich über einen längeren Zeitraum etablieren kann.

Was erwarteten Sie von den Vorlesestunden?

Da wir ein regelmäßiges Nachmittagsprogramm selbst nicht durchführen konnten, hoffte ich auf ein verbindliches Angebot für unsere Kinder. Ich wünschte mir Menschen, die ohne Alltagsstress und Routine auf die Kinder zugehen können und ihnen vermitteln, dass sie in der Bibliothek willkommen sind. Neben unserer Arbeit mit Schulklassen sollten die Kinder auch in ihrer Freizeit mit Geschichten zusammengebracht werden.

Haben sich Ihre Erwartungen erfüllt?

Meine Erwartungen haben sich recht schnell erfüllt. Es waren sehr nette Vorleserinnen da. Durch eine engagierte und gute Öffentlichkeitsarbeit kamen bald auch genügend Kinder in die Bibliothek, obwohl für die Mädchen und Jungen auch die Stempel und die Geschenke für eine regelmäßige Teilnahme am Vorlesen nicht ganz unwichtig sind.

Welche Folgen hatte die Zusammenarbeit mit Lesewelt bisher für die Bibliothek?

Ich glaube, das Vorleseangebot ist durch Mund-zu-Mund-Propaganda hier im Kiez bekannt geworden. Zu uns kommen Menschen, die ohne das Lesewelt-Angebot den Weg in unsere Bibliothek nicht gefunden hätten. Besonders freue ich mich, dass mehr Eltern mit Kindern kommen, vor allem Familien nichtdeutscher Herkunft. Die Bibliothek ist nun ein Treffpunkt für unterschiedlichste Menschen geworden. Verändert hat sich ebenso die Öffentlichkeitsarbeit. Unsere Bibliothek wird im Zusammenhang mit Lesewelt viel öfter in den Medien erwähnt. Hier finden Weiterbildungen und verschiedene Veranstaltungen statt, welche unsere eigenen Möglichkeiten momentan übersteigen, von denen wir aber profitieren können. Lesewelt bereichert die Bibliothek durch seine Lebendigkeit.

Geht die Zusammenarbeit immer problemlos über die Bühne?

Manchmal ist es schon ziemlich chaotisch. Die Vorlesenachmittage sind ja vor allem hinsichtlich der Beteiligung der Kinder nicht planbar. Ein »freies« Projekt harmoniert nicht immer mit den Tagesabläufen in der Verwaltung. Schade finde ich, dass Zeit für Absprachen, Vorbereitungen für gemeinsame Projekte und die Entwicklung von Strategien zunehmend auf der Strecke bleiben. Dies ist vor allem das Resultat kontinuierlichen Stellenabbaus auf Bibliotheksseite und der Tatsache, dass die Strukturen bei Lesewelt ständig wachsen. Die Organisierbarkeit des Projekts scheint zunehmend in den Vordergrund zu rücken.

Gibt es gemeinsame Pläne für die Zukunft?

Ich hoffe, dass es eine weitere Zusammenarbeit gibt. Lesewelt hat durch gezieltes Fundraising finanzielle Mittel erhalten, die vor allem den Bibliotheken zugute kommen. Ich wünsche mir, dass wir mit diesen Geldern gemeinsam Ideen umsetzen können, die sonst nicht möglich wären. Geplant sind zum Beispiel kleinere Projekte wie mehrsprachiges Lesen, thematische Lesenachmittage oder Kinder lesen Eltern vor.

Zukünftig werden sich über die Grenzen Berlins hinaus Lesewelt-Initiativen oder Vereine gründen. Was empfehlen Sie Bibliothekaren?

Ich würde ihnen empfehlen, genau hinzuschauen, was im jeweiligen Einzugsgebiet gebraucht wird. Das soziale Umfeld prägt das Konzept. Es wäre gut, mit einem übersichtlichen und verlässlichen Angebot zu beginnen. Beginnen sollten sie auf jeden Fall. Die Zusammenarbeit mit bibliotheksfremden Menschen bringt das Leben in der Bibliothek auf andere Wege. Sie trägt dazu bei, dass Bibliotheken wirklich ihren Nutzern gehören.

Vorlesen ist nicht gleich Vorlesen: So kann es gelingen

Zu Hause, gemütlich in die Sofaecke oder das Bett gekuschelt, kann man sich der Aufmerksamkeit der Kinder oder Enkel während des Lesens sicher sein. Die Vorlesesituation bei Lesewelt ist anders. Viele Kinder, die zum Vorlesen in eine Bibliothek kommen, sind mit dieser Situation oft nicht vertraut. Es kostet einige Mühe, sie »am Ball« zu halten. Fort- und Weiterbildungen für Vorleserinnen haben gezeigt, wie groß das Interesse an Tipps und Ratschlägen ist.

Die Erfahrungen bei Lesewelt zeigen, dass es einige Aspekte gibt, deren Berücksichtigung die Qualität des Vorlesens beeinflussen können. Sie sind im Folgenden aufgeführt und dienen als Orientierung, keinesfalls als Maßstab. Die Berücksichtigung aller Kriterien charakterisiert einen Idealzustand beim Vorlesen, den man zwar anstreben kann, der in der Regel jedoch im Rahmen einer Vorleseinitiative wie Lesewelt schwer zu verwirklichen ist.

Der Leseort
Vorlesende und Zuhörer sollten sich an einem ruhigen und gemütlichen Ort zusammenfinden. Es ist wichtig für die Konzentration der Kinder, dass die Vorleserunde möglichst ungestört bleibt.

Die Bücher
Die Auswahl der Bücher sollte dem Alter der Kinder entsprechen. Sind Kinder unter- oder überfordert, hören sie nicht mehr richtig zu oder können den Inhalt des Vorgelesenen nicht verarbeiten. Im Extremfall kann ein Buch mehr Ängste auslösen, als dass es bei der Lösung von Schwierigkeiten und Problemen zu helfen vermag. Vorleserinnen können sich im Vorfeld über das Alter der Kinder informieren und, noch besser, zusätzlich Informationen über Kenntnisse, Interessen und Vorlieben einholen.

Freude an den Geschichten

Dennoch sollten auch Vorlesenden die Bücher gefallen. Kinder merken schnell, wenn Vorlesende mit dem Inhalt des Buches nicht einverstanden sind. »Verräterisch« können nämlich Stimme und Gesichtsausdruck sein. Natürlich kann auch ein Text vorgelesen werden, der Vorlesern nicht gefällt. In diesem Fall sollten Vorleserinnen und Vorleser dies den Kindern unbedingt mitteilen und begründen. Schließlich bleiben generationsbedingte Einflüsse nicht ohne Wirkung auf die Sicht einer Geschichte. Kinder leben in ihrer eigenen Welt, die Erwachsenen nicht immer gefallen muss.

Fragen der Kinder

Zwischenfragen von Kindern werden beim Vorlesen oft als störend empfunden. Sie sollten jedoch eher als Anregung angenommen werden. Passt eine Frage momentan wirklich nicht, sollte sie auf jeden Fall an einer entsprechenden Stelle oder nach dem Vorlesen beantwortet werden. Die Vorleserin hat es in der Hand, situationsbedingt zu entscheiden.

Die Geschichten besprechen

Ein Gespräch über den Inhalt der Geschichte sollte immer zum Vorlesen dazugehören. Wenn Kinder nicht gleich im Anschluss an das Lesen Fragen oder Anmerkungen haben, kann auch später auf den Inhalt zurückgegriffen werden. Vielleicht brauchen die kleinen Zuhörer mehr Zeit, um sich mit dem Gehörten auseinander zu setzen.

Die Textlänge

Nicht nur der Inhalt eines Buches, auch die Länge einer Geschichte sollte auf das Alter der Zuhörer abgestimmt sein. »Überlängen« lassen das Interesse der Kinder erlahmen, weil sie sich schließlich nicht mehr konzentrieren können. Kommt dennoch das eine oder andere Mal ein längeres Buch zur Auswahl, ist es gut, wenn Vorleserinnen und Vorleser vorher die Abschnitte dem Text entsprechend einteilen können. Somit ist sicher, dass nicht an einer ungünstigen Stelle abgebrochen werden muss.

Zusammenfassendes Erzählen

Bei längeren Texten oder sich endlos ziehenden Passagen können Vorleserin oder Vorleser auch einmal zusammenfassend erzählen. Das kann von den Kindern als Abwechslung empfunden werden und durchaus der erneuten Anspannung der Konzentration dienen. Auch die Wiederholung wichtiger oder schwierig zu verstehender Textteile mit eigenen Worten ist angebracht.

Betonung beim Lesen

Manche Vorleserinnen finden es gut, bestimmte Sätze oder Wörter besonders zu betonen. Dabei sollte jedoch eine gewisse Balance gehalten werden, Übertreibungen beeinträchtigen den »Echtheitsgrad« beim Vorlesen, Untertreibungen, eintöniges Ablesen des Textes, kann sehr ermüdend wirken und die Kinder meist nicht wirklich begeistern.

Vorleserinnen wissen: Die Situation bei Lesewelt ist anders. Trotz aller Bemühungen gibt es störende Einflüsse während der Vorlesestunde, sei es durch andere Kinder oder ablenkende Ereignisse in der Bibliothek. Vorlesen bei Lesewelt ist ein Freizeitangebot. Wer hierher kommt, tut das freiwillig, aus Spaß und Freude. Viele der Kinder bei Lesewelt müssen sich erst an die neue Situation gewöhnen, an die Zuneigung und die Aufmerksamkeit, die ihnen zuteil wird. Das kann mitunter ein langer Lernprozess sein.

»Kinder liegen beim Lesen immer auf der Lauer«

Professor Otfried Preußler gehört mit seinen Büchern wie »Das kleine Gespenst«, »Die kleine Hexe«, »Der Räuber Hotzenplotz« oder »Krabat« zu den bekanntesten und beliebtesten Kinder- und Jugendbuchautoren. Christoph Schäfer, Pressesprecher der Stiftung Lesen und verantwortlicher Redakteur der Zeitschrift »Forum Lesen«, sprach mit dem 78 Jahre alten Autor über die Bedeutung des Geschichtenerzählens und Vorlesens – und die Herausforderung, das Erzählen für Kinder ganz schlicht und einfach zu halten.

Bei Ihnen hat früher Ihre Großmutter Dora die Lust an Geschichten geweckt. Braucht jedes Kind eine solche »Großmutter Dora«, um für Literatur und Lesen begeistert zu werden?

Seit langem lebe ich in Oberbayern – und im hiesigen Dialekt gibt es eine schöne Form, um Wünsche auszudrücken: »Das bräuchte es.« Es ist nämlich für jedes Kind eine außerordentlich wertvolle Erfahrung, wenn sich in der Familie oder im Kindergarten jemand findet, der gerne Geschichten erzählt. Aber auch die Erwachsenen selbst haben etwas davon.

Was schätzen Sie so sehr am mündlichen Erzählen?

Als Vater und als Volksschullehrer habe ich immer gerne Geschichten frei erzählt. Das ist für Kinder wichtig, weil das Mündliche oder »Orale« etwas ganz Unmittelbares bedeutet: Die Kinder können spontan mit Fragen, Stirnrunzeln oder einem herzhaften Lachen reagieren. Umgekehrt lernt der Erzähler, sich auf Kinder als Zuhörer einzustellen. Auf diese Weise entstand nach und nach mein erstes Kinderbuch: »Der kleine Wassermann«.

Wie würden Sie den »typischen kindlichen Leser« beschreiben?

Für die Kleinen ist jeder Satz eine anstrengende Aufgabe, die sie bewältigen müssen. Daher beflügelt aber auch jeder Satz, ja fast jedes

Wort, ihre Phantasie. Das geschieht viel stärker als beim erwachsenen Leser.

Fällt Ihnen dazu ein Beispiel ein?

Ich war richtig erschüttert, als ich einige Bücher wieder las, die mich als Kind fasziniert hatten: Mir kamen die Texte, die damals einen großen Reichtum für mich ausgestrahlt hatten, schrecklich dürr vor. Das Kind liest so langsam, dass es sich aus dem wenigen, was in den Sätzen oft steht, eine vielfältige Welt aufbaut.

Was folgt daraus für Ihre Arbeit als Autor?

Wenn man für Kinder schreibt, sollte man mit literarischen Mitteln sparsam umgehen. Und stattdessen auf die Magie scheinbar einfacher Wörter vertrauen: Wenn ein Kind »Baum« liest, stellt es sich in seinem Kopf zum Beispiel eine prächtige Buche vor, in der die Sonnenstrahlen durch die Blätter schimmern. Das alles muss ich nicht hinschreiben. Aber ich muss das Wort »Baum« so geschickt verwenden, dass das Kind sich den Rest vorstellt. Dafür gibt es kein Rezept. Wenn ich das hätte, könnte ich sicherlich nicht mehr unbefangen schreiben.

Welche Dinge sollten Autorinnen oder Autoren noch beachten, wenn sie für Kinder schreiben?

Kinder sind sehr aufmerksame Leser. Sie liegen immer auf der Lauer, um eine Ungenauigkeit nachzuweisen. Sie fragen zum Beispiel argwöhnisch, ob Hexen wirklich auf Besen reiten oder heutzutage nicht vielmehr Staubsauger benutzen. Ich freue mich über solche Reaktionen, denn sie fordern mich heraus: Sie zeigen, dass Sie beim Schreiben für Kinder nicht machen können, was Sie wollen. Sie können die irrealsten Dinge schildern – aber Sie müssen die kindliche Logik beachten. Das sind die Spielregeln, gegen die Sie ohne plausible Erklärungen nicht verstoßen dürfen.

Abgesehen vom Geschichtenerzählen: Was können Eltern tun, um Kinder für Bücher zu begeistern?

Sie sollten natürlich möglichst schon im Kleinkindalter vorlesen. Und das Vorlesen durchaus mit dem Geschichtenerzählen verknüpfen, indem sie die Handlung eines Bilderbuches in ihren eigenen Worten schildern. Außerdem ist es wichtig, dass Eltern mit den Kindern, aber auch untereinander, viel über ihre eigenen Leseerlebnisse reden. Damit zeigen sie, dass ihnen Bücher wichtig sind.

Und die Lehrerinnen und Lehrer?

Die Schule kann auf jeden Fall viel zur Leseförderung beitragen. Dabei geschieht vieles auf ganz natürliche Weise, einfach durch die Begeisterung der Lehrer selbst. Wenn früher zum Beispiel ein Volksschullehrer Hobby-Bienenzüchter war, hat irgendwann jedes Kind alles über das Bienenzüchten gewusst. Und wenn Lehrer immer wieder zu erkennen geben, dass Literatur ihnen etwas bedeutet, wenn sie mit den Schulkindern über Bücher immer wieder »ins Gespräch kommen«: Dann wird auch hier die Wirkung nicht ausbleiben.

Wie kann die »Lese- und Erzählkultur« außerdem gestärkt werden?

In den Medien traut sich leider keiner, ohne Brimborium etwas zu erzählen. Mein Traum wäre, und das habe ich Verantwortlichen oft genug vorgeschlagen: vor der Kamera einfach jemand vor Publikum Geschichten erzählen zu lassen. Wenn es schief geht, sind doch nur ein paar hundert Mark weg. Aber manche Dinge sind anscheinend so einfach – dass sie den Profis zu einfach sind.

Abdruck mit freundlicher Genehmigung der Stiftung Lesen.

Stolpersteine und wie sie aus dem Weg geräumt werden

Lesewelt kann auf zwei erfolgreiche erste Jahre zurückblicken. Dennoch gab und gibt es beim Vorlesen eine Reihe von großen und kleinen Stolpersteinen, die aus dem Weg geräumt werden müssen. In regelmäßigen Abständen treffen sich Projektleitung, Vorleserinnen und Bibliothekarinnen, um über Schwierigkeiten zu reden und Fragen zu klären. Die im Folgenden aufgeführten Probleme und Lösungsmöglichkeiten stehen nur beispielhaft für die verschiedenen Vorlesesituationen, die schließlich immer abhängig sind von der Situation vor Ort.

Publikumsverkehr

Bibliotheken sind öffentliche Räume. Viele Kinder besuchen die Bibliothek, um sich Bücher, Spiele o. Ä. auszuleihen. Manche nutzen die Computer oder erledigen ihre Hausaufgaben. Aus zunehmendem Mangel an Rückzugsmöglichkeiten nutzen immer mehr Berliner Kinder und Jugendliche die Bibliotheken auch als Orte zum »Abhängen«. Dann ist es vorbei mit der Ruhe. Nicht nur die Lautstärke der Unterhaltungen stört, sondern auch das permanente Klingeln von Handys. In verschiedenen Bibliotheken wurden bereits Handyverbote ausgesprochen bzw. das Verbot in die Bibliotheksregeln aufgenommen. Doch Regeln und Verbote sind eine Seite, ihre Einhaltung die andere. Diese Situation stellt Bibliotheksmitarbeiterinnen und -mitarbeiter mitunter auf eine harte Geduldsprobe.

Da zum Vorlesen keine Extraräume angeboten werden können, bleiben die Vorleserunden von dieser Situation nicht unberührt. Daher wurden beispielsweise Büchertröge und Regale so umgestellt, dass die Vorlesebereiche räumlich deutlicher abgegrenzt sind. Zusätzlich verweist ein Schild aktuell auf die Vorlesezeiten. Unterstützung erhalten die Vorleserinnen durch Bibliotheksmitarbeiterinnen, die sich während der Vorlesezeiten um einen akzeptablen Lärmpegel bemühen.

Pünktlicher Vorlesebeginn

Nicht immer schaffen es die Kinder, pünktlich zu den Vorlesezeiten zu erscheinen. Die Vorleserinnen haben bereits mit der Geschichte begonnen, so dass es schwierig ist, die hinzugekommenen Kinder zu integrieren. Dieses Problem ist nicht ganz einfach zu bewältigen. Einerseits sollen alle Kinder teilnehmen können, andererseits stört Unpünktlichkeit hier wirklich. Vorleserinnen einer Bibliothek sind auf die Idee gekommen, einen »Empfangsvorleser« einzusetzen. Dieser empfängt die kleinen Zu-spät-Kommer und bittet sie, zu warten, bis ein passender Moment zum Mithören gefunden ist. Bis dahin beschäftigt sich das betreffende Kind. Möglich ist das natürlich nur, wenn genug Vorleserinnen in der Bibliothek sind.

Unkalkulierbare Kinderzahl
Da die Teilnahme an den Vorlesenachmittagen ein Freizeitangebot und freiwillig ist, wissen die Vorleserinnen nie genau, wie viele Kinder zum Vorlesen erscheinen. Auch wenn sich in vielen Bibliotheken bereits »Stammhörer« gefunden haben, kommen einige Jungen und Mädchen unregelmäßig, oder es finden sich neue Kinder ein. Vor allem in der warmen Jahreszeit toben die Kinder manchmal lieber draußen herum oder gehen ins Schwimmbad. Solche »Engpässe« nutzen Vorleserinnen als Möglichkeit, sich weiterzubilden, neue Bücher durchzulesen oder für Gespräche untereinander. Zu besprechen gibt es immer genug.

Raumsituation
Da mehrere Vorleserinnen zur gleichen Zeit zum Vorlesen in die Bibliotheken kommen, können sich mehrere Vorlesegruppen bilden. Das hat den Vorteil, dass sich die Kinder dem Alter und den Interessen entsprechend aufteilen können. Allerdings kann es dann sein, dass aus Platzgründen der räumliche Abstand zwischen den einzelnen Gruppen nicht groß genug ist und das Vorlesen von ständiger Unruhe begleitet wird. Mitunter versuchen dann einzelne Vorlesegruppen, in andere Räume auszuweichen.

Konzentration
Die Vorleserinnen von Lesewelt haben festgestellt, dass eine Stunde Vorlesen für viele Kinder völlig ausreichend ist. Nicht jedes Kind hat gelernt,

sich längere Zeit auf eine Sache zu konzentrieren. Manchmal springen Mädchen und Jungen einfach auf, gehen in andere Räume, kommen wieder. Die Vorleserinnen haben sich auf diese Situation eingestellt. Manchmal gelingt es durch kurze entspannende Gespräche zwischendurch, die Konzentration der Kinder noch einmal zu bündeln. Im Anschluss an das Vorlesen beschäftigen sich Vorleserinnen und Kinder gemeinsam mit Brettspielen oder erzählen miteinander.

»Lesen und Vorlesen regen die Phantasie an«

Seit 1959 lädt der Börsenverein des Deutschen Buchhandels zu seiner prominentesten Leseförderungsaktion ein: dem Vorlesewettbewerb für Schülerinnen und Schüler der sechsten Klassen. Über die Leseförderung des Börsenvereins hat Ulrike Fritzsching mit Sibylle Bartscher gesprochen, die dort seit zehn Jahren mitarbeitet.

»» *Was macht gerade den Vorlesewettbewerb so erfolgreich?*
Mit jährlich rund 700.000 Teilnehmerinnen und Teilnehmern ist der Vorlesewettbewerb in der Tat einer der größten und bekanntesten bundesweiten Schülerwettbewerbe. Die etwa 700 regionalen Veranstaltungen, die auf die schulinternen Entscheide folgen und bis zum Bundesfinale führen, sind aus den kommunalen Kulturkalendern nicht mehr wegzudenken und finden dadurch auch regelmäßige Beachtung in allen Medien. Vor allen Dingen aber stehen für alle Beteiligten Leselust und Lesespaß im Mittelpunkt. Die Kinder sind eingeladen, aus ihren Lieblingsbüchern vorzulesen; sie machen die Erfahrung, dass Bücher zwischen Spannung, Unterhaltung und Information viele Facetten bieten und dass Lesen und Vorlesen, auch das gegenseitige Zuhören, die Phantasie anregen und neue Welten eröffnen.

Welches Ziel verfolgen Sie mit dem Vorlesewettbewerb?

Kinder und Jugendliche brauchen Anstöße, um sich für Bücher zu interessieren. Der Lesewettstreit regt zur Beschäftigung mit Kinder- und Jugendliteratur im Schulunterricht an. Bei der eigenständigen Buchauswahl, der Suche nach einer geeigneten Textpassage wie auch beim gegenseitigen Zuhören können die Schüler die Vielfalt der Bücherwelt entdecken und – hoffentlich! – schätzen lernen. Vorlesen ist immer auch ein Akt der Literaturvermittlung, verleiht den Figuren Ausdruck und Stimme, erzeugt Spannung, Heiterkeit oder Nachdenklichkeit. Gekonntes Vorlesen setzt Übereinstimmung mit dem Inhalt voraus, zum Beispiel, sich richtig in das Geschehen vertiefen zu können und Atmosphäre einzufangen.

Wer sind Ihre Kooperationspartner und Multiplikatoren?

Partner sind für uns in erster Linie die Schulen sowie der örtliche Buchhandel, Bibliotheken, Jugend- und Kulturämter oder verwandte Einrichtungen. Unterstützung erfahren wir auch von den Kultusbehörden, da sich der Vorlesewettbewerb quasi als Ergänzung zum schulischen Bemühen um Leseförderung etabliert hat. Da die Logistik – von der Schule bis zum Bundesentscheid – ein weit verzweigtes Netzwerk regionaler Partner erfordert, die die vielen hundert Wettbewerbsveranstaltungen in den Städten, Landkreisen, Regierungsbezirken und auf Länderebene organisieren, verfügen wir über einen größeren Pool bewährter Veranstalter.

**Wie unterstützen Sie externe Leseinitiativen?
Wie fördern Sie deren Vernetzung?**

Das Modell des Vorlesewettbewerbs wird gerne von Grundschulen, Bibliotheken, Jugendinitiativen o. Ä. aufgegriffen, die nach ähnlichem Muster kleinere, interne Wettbewerbe organisieren. Hierbei helfen wir natürlich gerne mit Info-Materialien, Bewertungskriterien, Tipps für Teilnehmer und Veranstalter usw. Alle wichtigen Infos dazu sind mittlerweile auch aus dem Internet herunterzuladen, unter http://www.vorlesewettbewerb.de.

Gibt es Kooperationen, beispielsweise mit der Stiftung Lesen oder anderen Leseinitiativen?

Punktuell ja. In der Vergangenheit gab es immer wieder gemeinsame Projekte oder Kampagnen mit der Stiftung Lesen oder auch mit der Arbeitsgemeinschaft der Jugendbuchverlage und dem Arbeitskreis für Jugendliteratur. Auf jeden Fall stehen wir mit den genannten Verbänden in engem Kontakt.

Welche Ratschläge geben Sie einer Leseinitiative mit auf den Weg?

Viel Enthusiasmus ...

---

1 Heidtmann, Horst: Lesen und neue Medien. Veränderungen der Lesekultur in der Mediengesellschaft. In: Universitas. Orientierung in der Wissenschaft. Heft 673. Stuttgart 2002

2 Kreibich, Heinrich: Lesesozialisation in Familie und Kindergarten. In: Stiftung Lesen (Hrsg.): Lesen. Grundlagen, Ideen, Modelle zur Leseförderung. Mainz 1996

3 Saxer, Ulrich: Vortrag anlässlich der Arbeitstagung »Leseerziehung und Leseförderung = Lesekultur?« der Stiftung Lesen am 30. Mai 1988 in Mainz. In: Stiftung Lesen (Hrsg.): Lesen. Grundlagen, Ideen, Modelle zur Leseförderung. Mainz 1996

Vorlesen als Baustein zur Integration

Von Gilda Petzold

»Lesen ist ein grenzenloses Abenteuer der Kindheit.«

Astrid Lindgren

Was hat Vorlesen mit Integration zu tun?

Integration lässt sich mit »Eingliederung« oder »Einbeziehung« übersetzen. Es geht darum, andere Menschen, zumeist Minderheiten, am gesellschaftlichen Leben teilhaben zu lassen. Und mit einem solchen Verständnis von Integration hat die Arbeit von Lesewelt in vielerlei Hinsicht zu tun.

Vorlesen schafft zunächst Zugänge zu Bildung. Ob als Vorlesender oder als Zuhörerin: Vorlesen bildet und erweitert den geistigen Horizont aller daran Teilnehmenden. Vorlesen bei Lesewelt ist aber auch soziale Integration, denn Vorleserinnen bzw. Vorleser und Kinder befinden sich in einer großen Vorlesegemeinschaft. Außerdem leistet Vorlesen bei Lesewelt einen Beitrag zur gesellschaftlichen und sprachlichen Integration. Viele der Kinder, die die Vorlesestunden bei Lesewelt besuchen, kommen aus Familien nichtdeutscher Herkunft. Jungen und Mädchen aus zum Beispiel türkisch-, kurdisch-, bosnisch-, arabisch- oder russischsprachigen Familien nutzen das Angebot von Lesewelt – aber auch Kinder vieler anderer Sprachen und Nationalitäten. Oft sind sie in Deutschland geboren, wachsen hier auf und werden vermutlich ihr Leben lang hier bleiben. Der Erwerb der deutschen Sprache hat für ihre Integration in die Gesellschaft eine große Bedeutung. Vorlesen kann einen Beitrag zur erfolgreichen Aneignung einer Sprache leisten, denn Bücher helfen, den Zugang zu einer fremden Sprache zu finden und diese zu lernen.

Vorurteile sind das Resultat von Unwissenheit. So ist das auch mit Vorurteilen in manchen Teilen der deutschen Bevölkerung gegenüber hier lebenden Familien nichtdeutscher Herkunft. Sie sollen sich, so hört man, in die herrschenden Gegebenheiten und Gepflogenheiten integrieren – und seien dazu oft nicht bereit. Liegt hier nicht ein Missverständnis vor? Wenn Integration »Einbeziehung« oder auch »Eingliederung« bedeutet, dann ist das immer etwas, an dem beide Seiten beteiligt sind. Integration braucht auch Offenheit und Verständnis auf der Seite der Mehrheitsgesellschaft – eine gute Voraussetzung dafür sind Kenntnisse über die Minderheiten und ihre Situation.

Viele der Berliner Vorlesekinder stammen zum Beispiel aus türkischstämmigen Migrantenfamilien. Manche ihrer Familiengeschichten ähneln sich. Fast immer sind die Kinder selbst in Deutschland geboren, und es sind ihre Eltern oder schon Großeltern, die eingewandert sind. Seit den 70er-Jahren wurden von der Bundesrepublik vor allem Männer aus der Türkei als Gastarbeiter angeworben. Seitens der deutschen Politik war vorgesehen, dass sie nach zwei bis drei Jahren zurückkehren sollten – um Platz für andere Gastarbeiter zu machen, die sozusagen im Rotationsprinzip den deutschen Arbeitskräftemangel beheben sollten.

Doch viele dieser Männer blieben in Deutschland und holten nach und nach ihre Frauen und Kinder zu sich. Darauf aber war das deutsche Bildungssystem nicht eingerichtet – und auch viele der Migrantenfamilien nicht, die ohne Deutschkenntnisse und zum Teil, da sie überwiegend aus ländlichen Gebieten stammten, mit überhaupt eher geringer Vorbildung in dieses Land kamen. Viele Einwandererkinder der ersten Generation fanden so in ihrer deutschen Schulzeit nie richtig den Anschluss. Eine Konsequenz daraus und doch noch fataler: Selbst ihre Kinder, die in Deutschland geboren und hier eingeschult wurden, lernen bis heute oft nicht richtig Deutsch – und haben damit schlechte Aussichten auf eine gute Ausbildung, sprich: Zukunft in diesem Land.

Wer an fehlender Erziehung und Schulbildung der nunmehr schon dritten Einwanderergeneration nun die Schuld trägt, ob es vorrangig die Versäumnisse der deutschen Politik sind oder ob auch Eltern und Schule mit verantwortlich sind, darüber diskutieren viele Experten. Die beiden Pädagogen Mustafa Demir und Ergün Sönmez skizzieren in ihrer Untersuchung zur »Integrations- und Ausbildungsmisere« ausländischer Kinder in Deutschland jedenfalls sehr drastisch, was im schlimmsten Fall aus den Versäumnissen resultieren kann. Nach ihrer Meinung sei eine neue Generation von Jugendlichen besonders aus türkischen Immigrantenfamilien herangewachsen, die »zumeist einfach als ›integrationsunfähig und -unwillig‹ eingestuft werden können«.[1]

Die Journalistin Susanne Gaschke sieht angesichts einer »heraufziehenden Sprachkatastrophe« große bildungspolitische Herausforderungen, erhebt aber auch Forderungen an die Eltern der Migrantenkinder: »Die Bildungspolitik steckt in einer Zwickmühle: Wenn sie es mit der Sprachförderung ernst meint, steht sie vor riesigen Investitionen in Sprachlehrer, Elternkurse und Förderstunden.« Gleichzeitig sei dieses Bildungswesen aber auch auf deutsche Kultur verpflichtet: »darauf nämlich, Kinder jedweder Herkunft so zu erziehen, dass ihnen im Leben alle Chancen offen stehen. Dazu gehört, dass ihre Eltern sie nicht gegen ihren Willen verheiraten. Dass sie auch als Frau einen Beruf ergreifen dürfen. Dass sie die offene Gesellschaft ertragen können. Und Deutsch lernen: Lesen, schreiben, sprechen.«[2] – Dass vor allem Sprache und Bildung die Schlüssel zu Chancengleichheit und gesellschaftlicher Teilhabe sind, darin sind sich die Experten einig.

»Integration ist eine Jahrhundertaufgabe«

Das Interview mit Barbara John, der langjährigen Ausländerbeauftragten von Berlin, hat Gilda Petzold geführt.

Welche Bedeutung hat der Begriff Integration für Sie als Ausländerbeauftragte?

Es gibt nicht den einen Integrationsbegriff. Für mich bedeutet Integration das Hineinwachsen einer Minderheit in eine Gesellschaft. Es ist ein Prozess, welcher begleitet und unterstützt werden muss. Integration ist eine Jahrhundertaufgabe. Sie hat etwas mit Teilhabe zu tun, nämlich mit gleichberechtigten Chancen zur Bildung und auf dem Arbeitsmarkt, mit respektvollem Umgang zwischen verschiedenen Kulturen und mit erfüllbaren Forderungen nach rechtlicher Gleichstellung, also bei der Einbürgerung.

Lässt sich der Erfolg bzw. das Gelingen von Integration messen?

Das Erreichen eines Schulabschlusses, das ist zum Beispiel ein messbarer Erfolg. Er ist eine wichtige Voraussetzung für eine qualifizierte Berufsausbildung und bessere Chancen auf dem Arbeitsmarkt. Denn Bildung ist der Fahrstuhl nach oben. In dieser Hinsicht kann man klare, messbare Fakten auf den Tisch legen. In Bezug auf eine kulturelle Integration hängt das Gelingen auch von jedem selbst ab.

Jüngste Analysen bestätigen, dass viele Kinder nichtdeutscher Herkunft zum Zeitpunkt ihrer Einschulung kaum Deutsch sprechen können. Worin sehen Sie die Ursachen?

Als Sprachdidaktikerin weiß ich um die Komplexität des Spracherwerbsprozesses. Kinder, besonders im frühen Alter, sind Genies im Sprachenlernen. Allerdings werden die Grundlagen zur Nutzung dieser Fähigkeiten im Elternhaus geschaffen: Sie hängen zum Beispiel von der Art und Weise des Sprachgebrauchs der Eltern und seiner Intensität ab. So unterschiedlich die einzelnen Elternhäuser sind, so unterschiedlich sind auch die sprachlichen Fertigkeiten der Kinder ausgebildet. Das ist natürlich auch bei deutschsprachigen Kindern so. In vielen Familien gibt es zu wenig Sprachkontakte. Dabei spielen soziale Gewohnheiten eine Rolle, zum Beispiel häufiges Fernsehen. Die Kinder kommen über den alltäglichen Gebrauch selbst ihrer Muttersprache kaum hinaus. Deutsch als Begegnungssprache existiert kaum, so dass die Kinder in der Welt ihrer ersten Sprache aufwachsen. Diese Welt ist sprachlich sehr beschränkt. Entscheidend ist: Zum Erwerb einer Sprache braucht ein Kind vielfältige sprachliche Anregungen.

Kann Lesewelt eine solche Anregung sein?

Projekte wie Lesewelt können wirksame Bausteine für den Spracherwerb sein. Gerade das Hörverstehen, also auch das inhaltliche Erfassen von Texten, spielt eine große Rolle. Es nützt Kindern für das Erlernen einer Sprache nicht so viel, wenn sie die Worte lesen können, sie müssen auch wissen, welcher Sinn sich hinter ihnen verbirgt.

Die Mehrheit der Eltern aus nichtdeutschen Familien wollen, dass ihre Kinder in der Schule erfolgreich sind. Vor allem wünschen sie sich, dass es ihnen einmal besser gehen soll. Doch aus den verschiedensten Gründen sind Mütter und Väter nicht immer in der Lage, ihre Kinder zu unterstützen. Darum müssen diese Aufgabe andere übernehmen, Vorschule und Schule, aber auch Projekte wie Lesewelt.

Die Bedeutung von Sprache und Bildung für die Integration

Sprache ist eines der grundlegendsten Ausdrucksmittel des Menschen. Sie ist Basis dafür, dass Menschen miteinander in Kontakt treten, sich austauschen, Gefühle und Gedanken einander mitteilen können. Sprache ist das Kommunikationsmittel schlechthin.

Das Beherrschen der deutschen Sprache wird allgemein als die wesentlichste Voraussetzung für das Gelingen der Integration von Familien nichtdeutscher Herkunft angesehen. Ohne Kenntnisse der jeweiligen Staats- und Verwaltungssprache können Bürger ihre Anliegen gegenüber staatlichen Behörden nur schwer zum Ausdruck bringen. Menschen, die eine Sprache nicht richtig beherrschen, haben meist Hemmungen, sich in eben dieser Sprache zu unterhalten. Gerade Erwachsenen ist es peinlich, wenn ihre Sprachkenntnisse unzureichend sind. Es gibt nicht wenige ausländische Kinder, die in ihrer Familie die Rolle eines Dolmetschers übernehmen, zum Beispiel bei Ämterangelegenheiten und sogar bei Lehrer-Eltern-Gesprächen in der Schule. Dabei wird oft übersehen, dass diese Art von Gesprächen nicht nur eine Übersetzung Wort für Wort verlangt, sondern auch das Erkennen von Inhalten und Zusammenhängen. Die Jungen und Mädchen sind überfordert. Es ist fraglich, ob Kinder über die notwendige Reife und Lebenserfahrung verfügen, die solche Gespräche erfordern. Das Unvermögen, den Inhalt eines Gesprächs in seiner Gesamtheit zu erfassen, kann zu Verständigungsschwierigkeiten und Missverständnissen führen. Auch im innerfamiliären Zusammenhang bleibt der Rollentausch nicht ohne Wirkung. Eltern verlieren an Ansehen und Autorität gegenüber ihren Kindern, die sie unsicher und hilflos erleben.

Das Erlernen der deutschen Sprache ist ebenso von Bedeutung für die berufliche Eingliederung. Ohne ausreichende Sprachkenntnisse bleibt der Zugang zu qualifizierteren Arbeitsplätzen verwehrt. Vor allem Kinder und Jugendliche geraten in einen Kreislauf, den sie nur schwer aus eigener Kraft durchbrechen können. Kindern, die mit ungenügenden Sprachkenntnissen eingeschult werden, fällt es schwer, den Anforderungen in der Schule gerecht zu werden. Unter den gegebenen familiären und gesellschaftlichen Bedingungen ist es für sie fast unmöglich, einen guten Schulabschluss zu machen. Damit sind auch die Aussichten auf einen guten Ausbildungsplatz sehr trüb. Was bleibt, sind Jobs als Hilfsarbeiter oder Erwerbstätigkeiten im Betrieb von Bekannten oder Verwandten. Damit jedoch sind sie nicht nur mehr als andere von Arbeitslosigkeit bedroht, sondern rangieren auf der Leiter der gesellschaftlichen Anerkennung auf den untersten Stufen.

Sprachliche Integration ist auch kulturelle Integration

Die sprachlichen Defizite und der damit verbundene weitestgehende Ausschluss aus dem gesellschaftlichen Leben des Einwanderungslandes hat seine Folgen auch im Bereich des sozialen Umfeldes. Nicht deutsche, sondern türkische Medien spielen im täglichen Leben der Familien eine Rolle. Daraus entstehen Informationsdefizite, denn türkischsprachige Zeitungen und türkischsprachiges Fernsehen berichten nicht im notwendigen Umfang über das Geschehen im ummittelbaren Umfeld der Menschen – und sie berichten mitunter einseitig. Das erschwert es nichtdeutschen Familien erheblich, sich in ihrem Umfeld einzuleben, ja gar zu Hause zu fühlen.

Unzureichende Sprachkenntnisse begrenzen auch die Möglichkeit, eigene Interessen in die lokale Politik einzubringen. Missverständnisse entstehen. »Ausländische« Mitmenschen trauen sich nicht zu reden, fühlen sich abgelehnt und ausgegrenzt. Deutsche sind der Meinung, dass »Ausländer« an Kontakten nicht interessiert sind. Infolgedessen ziehen sich Familien nichtdeutscher Herkunft zurück und bleiben unter sich. So jedoch kann eine Annäherung an die jeweils »andere« Welt nicht gelingen, denn »mit dem Erlernen einer fremden Sprache lernt man immer auch eine andere Weltsicht und Lebensform, eine andere Kultur kennen«.[3] Kultur meint hier in erster Linie Alltagskultur, nämlich die formellen und informellen Regeln, welche das Miteinander der Menschen in einer Gemeinschaft bestimmen. Traditionen, Sitten und Bräuche werden vorwiegend durch den alltäglichen Umgang miteinander weitergegeben. Mithin wird dieser Prozess unter dem Begriff »Interkulturelles Lernen« zusammengefasst. »Interkulturelles Lernen soll die eigenen und die fremden kulturellen Regelungen des Lebens bewusst machen. Es hilft, diese Differenzen zu verstehen und die aus ihnen erwachsenen Konflikte auszuhalten. Es lehrt, die eigene Kultur zu relativieren und die andere zu schätzen. Es zielt aber nicht darauf ab, die eigene kulturelle Identität aufzugeben und sich der anderen anzupassen.«[4]

Demzufolge ist sprachliche Integration auch kulturelle Integration. Dem Spracherwerb als Theorie muss unbedingt die praktische Umsetzung folgen, oder, noch besser, beide sollten parallel verlaufen. Lesewelt ist dafür ein gutes Beispiel. Noch während des Vorlesens kommen Vorleserinnen und Kinder miteinander ins Gespräch. Sie sprechen über die vorgelesene Geschichte, erklären einzelne Wörter und tauschen Erlebnisse und Erfahrungen aus. Außerdem findet auf diese Art und Weise nicht nur eine Annäherung auf zwischenmenschlicher Ebene statt, sondern ebenso eine Annäherung verschiedener Kulturen.

Inzwischen gibt es landesweit viele Initiativen und Projekte, die sich um die Sprachförderung von Migrantenkindern und ihren Eltern bemühen. Lesewelt hat den Anspruch, durch die Vorlesestunden zur Steigerung der Sprachkompetenz der beteiligten Kinder beizutragen und damit auch zur Erhöhung ihrer Chancen in Schule, Ausbildung und Beruf. Das reicht jedoch bei weitem nicht aus. Die Politik ist gefragt, in Schule und Gesellschaft Voraussetzungen dafür zu schaffen, dass die Zukunft von Kindern nicht an mangelnden Sprachkenntnissen scheitert. Entsprechende Maßnahmen müssen da ansetzen, wo Eltern ihre Kinder aus unterschiedlichsten Gründen nicht mehr unterstützen können.

Sprachvermögen ist kein Maß für den Integrationswillen

Vorsicht ist geboten, wenn zwischen Sprachvermögen und Integrationswillen eine Verbindung hergestellt werden soll. Der Grad der Beherrschung der deutschen Sprache ist nicht das Maß für den Willen zur Integration.[5] Viele Aspekte können den Sprachlernprozess beeinflussen. Unterschieden wird zwischen genetischen Voraussetzungen, also der Veranlagung, und den Einflüssen der Umwelt. »Spracherwerb vollzieht sich als Prozess der Wechselwirkung zwischen angeborenen Voraussetzungen und sozialen Einflüssen.«[6] Das gesamte Rüstzeug, das ein Kind zum Spracherwerb benötigt, bringt es bei seiner Geburt mit. Um sich Sprache aber wirklich anzueignen, brauchen Kinder den Austausch mit anderen Menschen. Zuerst sind es Eltern und Geschwister sowie der engere Familienkreis, doch schon bald treten Kinder in Kontakt mit ihrer Umwelt, sei es nun im Kindergarten, auf dem Spielplatz oder anderswo. Kinder müssen Gelegenheiten haben, mit ihrer Umgebung in den Dialog zu treten. Gerade für Mädchen und Jungen nichtdeutscher Herkunftssprache sind diese Kontakte äußerst wichtig, weil zu Hause meist die Sprache des Herkunftslandes eine große Rolle spielt.

Wenn es dann also nicht an der mangelnden Bereitschaft liegt, wo sind dann die Ursachen für die negative Bildungsbilanz von Migrantenkindern zu suchen? Natürlich hat die Haltung der Familie zur Bildung einen nicht unerheblichen Einfluss. Der Erfahrungsbericht der Vorschullehrerin Bärbel Weigel verweist auf eine schwerwiegende Problematik. Viele Kinder aus nichtdeutschen Familien werden ohne ausreichende Deutschkenntnisse eingeschult. Das deutsche Schulsystem ist auf diese Situation nicht eingestellt, und auch Lehrerinnen und Lehrer werden darauf nicht vorbereitet. Sie sollen den Lehrstoff genauso vermitteln wie bei deutschsprachigen Kindern.

»Schule allein kann die deutsche Sprache nicht vermitteln«

Bärbel Weigel ist Gründungsmitglied bei Lesewelt e.V. Die Idee, Kindern vorzulesen, begeisterte sie sofort. Denn als Vorschullehrerin im Berliner Stadtteil Kreuzberg kennt sie die sprachlichen Probleme der Kinder.

> *Im Berliner Stadtteil Kreuzberg leben viele Familien ausländischer Herkunft. Im Wrangel-Kiez, auch als SO 36 bekannt, arbeite ich als Vorschullehrerin. Die Kinder hier sind fast alle in Berlin geboren. Ich lerne sie kennen, wenn sie fünf oder sechs Jahre alt sind. Da sie oftmals keinen Kindergarten besuchen, bereiten sie sich in einer Vorklasse auf die Schule vor.*
>
> *Viele der Kinder kommen erst bei mir mit der deutschen Sprache in Kontakt, aber schon ein Jahr später sollen sie Deutsch lesen und schrei-*

ben lernen. Zum Teil sind die Mädchen und Jungen nicht in der Lage, Farben, Mengen und Dinge des täglichen Umgangs wie Kleidungsstücke zu benennen, da sie dafür selbst in ihrer Muttersprache keine Begriffe kennen. Unter diesen Voraussetzungen kann Schule allein die deutsche Sprache nicht vermitteln. Zusätzliche Förderung jeglicher Art ist wichtig. Die Begriffe müssen im Deutschen unbedingt gefestigt werden, damit die Kinder einen größeren Wortschatz gewinnen. Denn Wissensvermittlung beruht auf Sprache. Individuelle Zuwendung mit pädagogischem Inhalt ist da genau richtig.

Herkunft und Muttersprache nicht ignorieren

Türkischen Eltern wird vielfach vorgeworfen, sie interessierten sich nicht für die schulischen Belange ihrer Kinder. Dazu muss man wissen, dass das türkische Bildungs- und Erziehungssystem zentralistisch organisiert ist und die Bildung sowie sämtliche schulische Belange in den Händen der Schule liegen. Vor allem in den ländlichen Regionen der Türkei ist es üblich, dass Familien die außerfamiliäre Erziehung und die Bildung ihrer Kinder ausschließlich in die Hände der Lehrer legen. Diese Erwartung haben auch noch viele in Deutschland lebende Familien. Somit sehen sie oftmals auch den Erwerb der deutschen Sprache ihrer Kinder als Aufgabe von Institutionen an. Es entsteht die Situation, dass türkische Kinder, die keinen Kindergarten besuchten und kaum Kontakt zur deutschsprachigen Umwelt hatten, zum Schulbeginn keine oder nur geringe Deutschkenntnisse aufweisen.

Die Bemühungen vieler Lehrer und Lehrerinnen können jedoch nur in begrenztem Umfang erfolgreich sein, denn die Lehrpläne an unseren Schulen sind auch nach den vielen Jahren der Einwanderung nicht entsprechend ausgelegt. Nach neueren sprachwissenschaftlichen Erkenntnissen müssten die Jungen und Mädchen zweisprachig unterrichtet werden. Darauf sind aber Lehrerinnen und Lehrer nicht vorbereitet. In die Betrachtung einbezogen werden muss auch der Umstand, dass viele der früheren Gastarbeiter aus ländlichen Regionen der Türkei nach Deutschland kamen. Sie besaßen bzw. besitzen häufig selbst ein geringeres Bildungsniveau und können ihre Kinder demzufolge nicht ausreichend unterstützen. Dennoch haben sie eine hohe Bildungserwartung an ihre Kinder, verbunden mit dem Wunsch nach materieller und ökonomischer Sicherheit.

Neben der Haltung der Familien wirkt vor allem auch der Aufenthaltsstatus in einem nicht zu unterschätzenden Maß auf die Lernmotivation der Kinder und Jugendlichen. Ist ungewiss, ob sie in das Herkunftsland zurückgehen oder doch für lange Zeit oder sogar für immer hier bleiben, streben die Kinder und Jugendlichen oft gar nicht erst nach einem hohen bzw. guten Schulabschluss, denn bei einer möglichen Rückkehr spielt dieser eine nicht so große Rolle. Sie wollen schnell Geld verdienen, finanziell auf eigenen Füßen stehen und ihren Eltern ökonomisch zur Seite stehen. Nicht zuletzt ist Deutsch eine schwer zu erlernende Sprache, mit der bekanntermaßen auch »Einheimische« ihre Probleme haben.

Das Sprachniveau von Kindern und Jugendlichen nichtdeutscher Familien ist höchst unterschiedlich. Kinder, die einen Kindergarten oder eine Vorschule besuchen, sprechen zum Zeitpunkt ihrer Einschulung besser Deutsch als Gleichaltrige, denen möglicherweise bis dahin Kontakte mit Deutsch sprechenden Menschen fehlten oder die solche nur in sehr geringem Umfang hatten. Kinder aus Migrantenfamilien verfügen häufig über begrenzte Möglichkeiten des Spracherwerbs. Im Bericht der Beauftragten der Bundesregierung für Ausländerfragen vom Februar 2000 wird folgende Schlussfolgerung gezogen: »Allzu oft wird verkannt, dass nichtdeutsche Schüler die Schule in ihrer Zweitsprache absolvieren. Die Schulen sind in der Regel auf den Unterricht mit Kindern, die Deutsch als Zweitsprache lernen, nicht vorbereitet [...]. Zwei- oder gar Mehrsprachigkeit werden häufig weder als Wert erkannt noch im Unterricht gefördert.«[7]

Noch vor einigen Jahren wurde Kindern das Sprechen ihrer Herkunftssprache von Kindergartenerzieherinnen, Lehrern und auch Eltern in der Öffentlichkeit regelrecht verboten. So sollten die Kinder schneller Deutsch sprechen lernen. Die aktuelle Spracherwerbsforschung geht jedoch davon aus, dass zweisprachiges Aufwachsen die Entwicklung der geistigen Leistung von Kindern positiv beeinflussen kann. Dies wird u. a. aus der Tatsache erklärt, dass zweisprachig aufwachsende Kinder ständig vor besondere Aufgaben gestellt sind. Den Kindern steht ihre sprachliche Umwelt nicht umstandslos für die Aneignung sprachlicher Mittel zur Verfügung. Bilingual aufwachsende Kinder müssen zum Beispiel begreifen, dass sie es mit zwei Sprachen zu tun haben und unterscheiden lernen, wann sie welche Sprache verwenden.[8]

Sprache ist Identität

Demzufolge muss Sprachförderung an der Mehrsprachigkeit der Kinder ansetzen, also nicht an den Defiziten im Deutschen, sondern an bereits vorhandenen sprachlichen Fähigkeiten. Darauf verwiesen Teilnehmer und Referenten des Forums Bildung auf einer Anhörung im Juni 2001.[9] Die Benutzung der Muttersprache hat für Angehörige nichtdeutscher Herkunftsfamilien noch eine andere, sehr tief greifende Bedeutung. Sprache ist Mittel des Denkens, der Erkenntnis und der Kommunikation, mehr noch, Sprache ist ein Faktor der Identität. So sehen es Demir und Sönmez und bringen die Sache auf den Punkt: »Wer die Muttersprache ignoriert, ignoriert den Menschen selbst.«[10] Die Autoren bezeichnen das Ignorieren der Muttersprache als größten Fehler der Immigranten- und Ausländerpolitik der Bundesregierung. Sie meinen: Ausländische Jugendliche, die zwei Sprachen beherrschen, haben zwei Identitäten. Diese müssen sich nicht gegenseitig aus-, sondern einschließen. Ohne Akzeptanz der Muttersprache stecken gerade die jungen Menschen, die in Deutschland aufwachsen, in einem Identitätskonflikt, der eine der Hauptursachen für ihren fehlenden Integrationswillen sei.

Die aktuelle Spracherwerbsforschung empfiehlt, Deutschvermittlung und Förderung der Zweisprachigkeit als Einheit zu sehen, ohne Maßstab der Einsprachigkeit. Eine wichtige Rolle in diesem Prozess spiele das Vorlesen.[11] Auch die Bemühungen von Lesewelt zielen in diese Richtung. Zum Tag der offenen Tür in der Jerusalem-Jugendbibliothek im September 2001 lasen Männer aus dem arabischen Kulturkreis aus arabischen Büchern vor. Inzwischen gibt es auch türkischsprachige Vorleserinnen, welche Kindern aus der Türkei in ihrer Herkunftssprache vorlesen können.

»Unsere Kinder sollen ihre Zukunft miteinander gestalten«

Ungefähr zweihundert Mütter und Väter engagieren sich im Türkischen Elternverein Berlin-Brandenburg. Seit 1985 gibt es den Verein in Berlin, nach dem Fall der Mauer wurde er auch auf Brandenburg ausgeweitet. Ertuğrul Mut ist nicht nur Zweiter Vorsitzender des Elternvereins, sondern auch Generalsekretär der türkischen Elternvereine in Deutschland, Mitarbeiter der Arbeitsstelle für zweisprachige Erziehung in Berlin und seit 21 Jahren Grundschullehrer. Damit war Gilda Petzold genau an der richtigen Adresse, um stellvertretend eine Meinung derer zu hören, um die es speziell in diesem Kapitel geht: die in Deutschland lebenden Familien nichtdeutscher Herkunft.

» *Warum haben sich Mütter und Väter im Türkischen Elternverein Berlin-Brandenburg zusammengeschlossen?*

Wissen Sie, wir glauben daran, dass wir, das heißt die in Deutschland lebenden Familien nichtdeutscher Herkunft, fester Bestandteil der Gesellschaft sind. Damit meine ich: Wir wohnen hier, wir arbeiten und wir leben hier. Wir müssen der Realität ins Auge sehen, die meisten von uns werden in Deutschland bleiben. Unsere Mitglieder sind nicht nur Eltern türkischer Herkunft, sondern auch Angehörige vieler anderer Nationalitäten. Ihr Anliegen ist es, ihre Kinder auf das Leben in der deutschen Gesellschaft vorzubereiten. Wir wünschen uns ein friedliches Zusammenleben mit Menschen anderer Sprachen und anderer Kulturen, denn wir sind aufeinander angewiesen. Unsere Kinder sollen möglichst früh Kontakt mit deutschen Kindern aufnehmen können, damit sie miteinander und voneinander lernen und die Zukunft gemeinsam gestalten. Diese Ziele zu verwirklichen, darauf arbeiten wir hin.

Das sind große Ziele, deren Verwirklichung ein riesiger Schritt in ein aufgeschlosseneres und lebenswerteres Deutschland wäre. Wie wollen Sie das erreichen?

Eine unserer Aufgaben sehen wir darin, Eltern bei Problemen und Schwierigkeiten hilfreich zur Seite zu stehen, telefonisch oder im persönlichen Gespräch. Ein wesentlicher Teil unserer freiwilligen Arbeit findet in Schulen statt. Wir gehen in die Schulklassen, um Kontakte mit den Mädchen und Jungen aufzubauen. Oft organisieren wir Veranstaltungen zum Thema Gewalt, um durch ein gegenseitiges Kennenlernen und Miteinanderreden zu Toleranz und damit auch zum Abbau von Gewaltpotenzial beizutragen. In einigen Schulen führen wir zweisprachige Elternabende durch. Der Türkische Elternverein Berlin-Brandenburg ist auch Betreiber einer sprachbetonten Kindertagesstätte. Hier arbeiten wir beispielhaft daran, türkische Kinder zweisprachig zu erziehen, und halten engen Kontakt zu den Eltern.

Damit geben Sie mir das Stichwort für eine wichtige Frage. Türkischen Eltern wird mitunter seitens einiger Schulen und Kinder-

tagesstätten vorgeworfen, sie hätten kein Interesse an der Bildung ihrer Kinder bzw. sie ergriffen selbst zu wenig Initiative und überließen Bildung komplett dem schulischen Ausbildungssystem, weil sie Bildung – nach türkischen Traditionen – als öffentliches Thema und nicht als familiäres verstehen. Welche Erfahrungen haben Sie gemacht?

Ich bin selbst Vater. Meine drei Kinder sind in Deutschland zweisprachig aufgewachsen. Mein Sohn hat gerade das Abitur gemacht, er wird demnächst mit einem Studium beginnen. Meine beiden Töchter werden ihm folgen, sie lernen zurzeit noch auf einem Berliner Gymnasium. Türkische Eltern sind nicht bildungsferner als andere Eltern oder gar an dem schulischen und beruflichen Fortkommen ihrer Kinder nicht interessiert. Dafür spricht zum Beispiel, dass in Berlin viele türkische Bürger der Mittelschicht die so genannten Problembezirke verlassen, um ihren Kindern bessere Chancen für eine gute Bildung zu ermöglichen. Zurück bleiben jene Familien, die sich einen Umzug in eine teurere Wohngegend nicht leisten können. Das soziale Gefüge in den Wohngebieten fällt aus dem Gleichgewicht. Ich denke, jenes Verhalten, welches hier als bildungsfern bezeichnet wird, ist nicht eine Frage ethnischer oder sprachlicher Herkunft, sondern eher eine Frage der sozialen Herkunft.

Dennoch zeigen Erfahrungen Berliner Lehrerinnen und Lehrer, dass zum Beispiel die Beteiligung türkischer Mütter und Väter an Elternabenden von Schulen und an Gesprächen sehr gering ist.

Warum sollen Eltern zu einer Versammlung gehen, die in einer Sprache abgehalten wird, derer sie nicht mächtig sind? Wenn Sie auf einer Versammlung sind, die in Chinesisch abgehalten wird, werden Sie vermutlich auch bald abschalten. Viele Eltern nichtdeutscher Familien fühlen sich auf den Versammlungen nicht als Mensch angesprochen, in ihrem Glauben und ihrer Kultur nicht respektiert. Oft können sie nicht *besonders gut Deutsch sprechen, das schafft Unsicherheiten. Um Eltern wirklich interessieren und erreichen zu können, wäre es notwendig, sie als ganzen Menschen, also auch mit ihrer Sprache und ihrer Kultur, zu akzeptieren. Ein richtiger Schritt in diese Richtung wäre zum Beispiel ein zweisprachig abgehaltener Elternabend. Nicht nur das, was die Lehrerinnen und Lehrer sagen, wird übersetzt, sondern auch die Meinungen der Eltern. Diese Aufgaben können Mütter oder Väter aus der betreffenden Klasse übernehmen. Wir haben sehr gute Erfahrungen mit Elternversammlungen in Deutsch und Türkisch gemacht. Da melden sich die Eltern auch zu Wort, weil sie wissen, hier werden sie wirklich gehört und ernst genommen. Sie müssen nicht befürchten, dass es zu Missverständnissen kommt.*

Wir türkischen Eltern meinen, dass es keinen Ersatz für Mutter oder Vater gibt. Das heißt, Kindertagesstätten können für uns nur Ergänzung sein. Es ist für manche Eltern sehr schwer, Vertrauen in die jeweiligen Einrichtungen aufzubauen. Es gibt inzwischen eine Reihe sehr guter Beispiele, in denen die Kultur nichtdeutscher Kinder und ihrer Eltern respektiert wird. Aber es kommt eben auch noch oft genug vor, dass Kinder zum Beispiel Schweinefleisch zu essen bekommen, obwohl bekannt ist, dass sie es aus ihrem Glauben heraus traditionsgemäß nicht essen dürfen. Das schafft Ärger und Misstrauen.

In der vom Türkischen Elternverein betriebenen Kindertagesstätte wachsen die Kinder zweisprachig auf. Das heißt, Sie messen der Zweisprachigkeit sehr große Bedeutung zu.

Die meisten Eltern nichtdeutscher Familien wollen, dass ihre Kinder die deutsche Sprache optimal beherrschen, weil sie wissen, wie wichtig dies für das schulische und berufliche Fortkommen ihrer Kinder ist. Doch wenn die Jungen und Mädchen erst in der Vorschule mit dem Deutschlernen beginnen, ist das zu spät. Das zeigte sich unter anderem an den Ergebnissen der Berliner Sprachstandserhebung »Bärenstark«.

93 Prozent der Kinder haben es nicht geschafft, die deutsche Sprache ausreichend zu lernen. Hauptgrund dafür sehe ich vor allem darin, dass es zu wenig sprachliche Vorbilder gab. Hier haben wir wieder das Problem, welches ich oben schon ansprach, den Wegzug besser verdienender Familien. Deshalb fordern wir, dass Schulklassen und Gruppen in Kindertagesstätten unbedingt gemischt sein müssen. Ich meine, türkische Eltern sollten mit ihren Kindern nicht in der deutschen Sprache kommunizieren, vor allem, wenn sie selbst die Sprache nicht ausreichend beherrschen. Für die Kinder und Lehrer ist es mühsam, die Fehler später wieder auszumerzen. Die Muttersprache ist die Sprache des emotionalen Lebens und darf den Kindern nicht verboten werden. Doch Eltern sollten Vorbilder sein, indem sie ihre Kinder motivieren, die deutsche Sprache zu lernen, und auch deutschsprachige Bücher bereithalten. Ich unterhalte mich mit meinen Kindern zum Beispiel nur auf Türkisch, aber ich habe immer sehr viel Wert darauf gelegt, dass sie auch die deutsche Sprache gut beherrschen.

Seit 1988 bin ich als Lehrer oder Moderator der zweisprachigen Erziehung an Berliner Schulen tätig. Hier bieten wir den nichttürkischen Kindern von der ersten bis zur sechsten Klasse an, Türkisch als Begegnungssprache zu lernen. Ansonsten vertrete ich die Meinung, dass unsere Kinder dreisprachig aufwachsen sollten: Türkisch als Sprache der Gefühle, Deutsch als Hauptverkehrs- und Bildungssprache und dann noch eine andere Sprache dazu, vielleicht Englisch oder Spanisch.

Zu den Vorlesenachmittagen von Lesewelt kommen auch Kinder aus türkischen Familien. Denken Sie, dass Vorlesen ein Schritt in die richtige Richtung ist?

Ich denke, die Ziele des Türkischen Elternvereins und die von Lesewelt treffen sich nicht nur an einer Stelle. Darum begrüße ich Initiativen wie Lesewelt sehr. Vorleser können Kinder zum Lesen ermutigen, denn Kinder lernen am Beispiel. Ich würde es begrüßen, wenn die Vorleser *sich auch mit den kulturellen Hintergründen der Jungen und Mädchen beschäftigen. Hier könnten wir zum Beispiel einmal gemeinsam eine Veranstaltung organisieren.*

1 Demir, Mustafa/ Sönmez, Ergün: »Ausländische« Kinder. Ihre Erziehungs- und Integrationsmisere. Berlin 1999. S. 7

2 Gaschke, Susanne: Sprachlos bunt. In: Die Zeit 21/2001

3 Die Beauftragte der Bundesregierung für die Belange der Ausländer (Hrsg.): Mitteilungen der Beauftragten für die Belange der Ausländer: Deutsch Lernen – (K)ein Problem. Sprache und Sprachkompetenz als Instrument der Integration. Bonn 1997

4 ebenda

5 ebenda

6 Nauck, Bernhard/ Alamdar-Niemann, Monika, u. a.: Analysen. Erziehung – Sprache – Migration. Gutachten zur Situation türkischer Familien. Arbeitskreis Neue Erziehung (Hrsg.). Berlin 1999. 2. Auflage. S. 112

7 Bericht der Beauftragten der Bundesregierung für Ausländerfragen über die Lage der Ausländer in der Bundesrepublik Deutschland. Berlin und Bonn 2000. S. 119f.

8 wie Anmerkung 3

9 Materialien des Forum Bildung. Bildung und Qualifizierung von Migrantinnen und Migranten. Anhörung des Forum Bildung am 21. Juni 2001 in Berlin. Berlin 2001

10 wie Anmerkung 1. S. 64

11 wie Anmerkung 3

Freiwilliges Engagement mit Gewinn

Von Gilda Petzold und Carmen Stürzel

»Wir brauchen in der Gesellschaft die Rückbesinnung auf Werte. Und das Ehrenamt kann ein Ausdruck der Freiheit des Einzelnen und seiner Verantwortung für unsere Gesellschaft sein. Es gibt der Gesellschaft ein Rückgrat und nicht nur eine Wirbelsäule.«

Johannes Rau

Das »Ehrenamt« im Wandel

Der Begriff Ehrenamt war in den vergangenen Jahren Gegenstand zahlreicher Diskussionen. Er sei unmodern und überholt, nicht mehr zeitgemäß. Er beschreibe schon lange nicht mehr, um was es bei diesem Engagement geht: Menschen betätigen sich freiwillig und unentgeltlich im Rahmen einer Organisation für andere. Sie spenden Zeit und setzen ihre Fähigkeiten ein für Anliegen, die sie als wichtig empfinden. So sieht es zum Beispiel Heinz Janning von der Freiwilligen-Agentur Bremen. Der Vorschlag: Treffender seien Formulierungen wie bürgerschaftliches Engagement, freiwilliges soziales Engagement oder Freiwilligenarbeit.

Vor allem eins macht diese Diskussion deutlich: Das freiwillige Engagement in Deutschland befindet sich im Wandel. Dieser wird in erster Linie deutlich im Hinblick auf die Motive, aus denen heraus sich Menschen freiwillig engagieren. Anderen Menschen in Not helfen zu wollen, spielt zwar immer noch eine entscheidende Rolle, verliert aber zunehmend an Bedeutung. Laut einer Umfrage von Helmut Klages stand der Spaßfaktor Ende der 90er-Jahre deutlich im Vordergrund.[1] Auch gemeinsam an Problemlösungen arbeiten zu wollen, andere Menschen kennen zu lernen oder eigene Fähigkeiten einbringen zu können, bewegt Menschen dazu, sich freiwillig zu engagieren.

Den politischen Hintergrund dieses Wandels beleuchtet Warnfried Dettling in einem Beitrag zu freiwilligem Engagement in der Bürgergesellschaft. Er ist der Ansicht, Wirtschaft und Staat als Großmächte der heutigen Gesellschaft stießen an ihre Grenzen: »Sie können weder immer mehr Menschen beschäftigen [...], noch reichen und wirken sie hinein in jene neuen sozialen Fragen und Bedürfnisse, die sich immer häufiger nicht allein durch Geld und Recht, also durch die klassischen Instrumente des Sozialstaates, beantworten lassen.«[2] In diesen Grenzen sieht Dettling jedoch auch die Chancen für das neue Ehrenamt. Der Trend zur Globalisierung führe zu einer Aufwertung des Lokalen. Die Menschen wollen sich dort wohl fühlen, wo sie leben, in ihrer Stadt, ihrem Kiez oder in ihrer Gemeinde. Dafür sind sie bereit, sich unentgeltlich zu engagieren. Trotz aller Individualisierungstendenzen der vergangenen Jahre braucht der Mensch als soziales Wesen Kontakt mit anderen Menschen. Da Familien soziale Eingebundenheit und Fürsorge oft nicht mehr bieten können, müssen sich Menschen diese an anderen Orten holen.

Freiwillige wollen keine Lückenbüßer sein

Viele soziale Organisationen freuen sich über die Mitarbeit freiwilliger Helfer. Mehr noch, nicht selten sind sie zur Aufrechterhaltung des täglichen Arbeitsablaufes auf diese Unterstützung angewiesen. Im »Logbuch für Schatzsuchende. Ein Lesebuch für freiwilliges soziales Engagement« betonen die Autorinnen, dass vor allem die Haltung der Hauptamtlichen für eine gute Zusammenarbeit ausschlaggebend sei. »Auch wenn es niemand gern zugibt: Die Motivation, Freiwillige zu werben, wird oft von Finanzproblemen bestimmt.«[3] Darum ist es wichtig, dass sich Mitarbeiterinnen und Mitarbeiter sozialer Einrichtungen und anderer Organisationen ein Grundverständnis gegenüber den freiwillig Engagierten erarbeiten, welches auf gegenseitiger Achtung und Anerkennung beruht.

Entscheidender Faktor einer guten Zusammenarbeit ist Eigenverantwortung. Freiwillige wollen keine Lückenbüßer sein. Sie wollen nicht nur mitarbeiten, sondern auch mitbestimmen. Freiwillig engagierte Menschen können frischen Wind in die oftmals durch Routine und Zeitmangel geprägte Arbeit bringen und die Entwicklung der Organisation vorantreiben und mitgestalten. Vorausgesetzt, die Bereitschaft der Hauptamtlichen zu Veränderungen ist vorhanden.

Freiwilliges Engagement bei Lesewelt

Die tragenden Säulen für Lesewelt sind das freiwillige Engagement vieler Menschen und die Begeisterung der Vorleserinnen und Vorleser für die Idee. Sie sind selbst eifrige Leserinnen und Bücherfreunde, die ihren Enthusiasmus an Kinder weitergeben wollen. Sie möchten den jungen Zuhörern helfen, einen Zugang zu Büchern und zur Literatur zu finden. Und sie wollen selbst Spaß und Freude beim Vorlesen haben. Carmen Stürzel hat inzwischen mehr als zwei Jahre Erfahrung in der Organisation und Koordination der freiwilligen Arbeit bei Lesewelt. Sie hatte als erste freiwillige Vorleserin den Anfang gemacht. Mit zunehmender Nachfrage seitens der Bibliotheken und mit der ständig wachsenden Anzahl freiwilliger Vorleserinnen wuchs die Notwendigkeit, die Vorlesenachmittage und damit auch die Arbeit der Freiwilligen zu koordinieren. Anrufe von Menschen mit Interesse am Vorlesen mussten entgegengenommen, inhaltliche Fragen geklärt und Gespräche mit Vertreterinnen von Bibliotheken geführt werden.

Lesewelt verändert sich fast täglich. Ständig kommen neue Ideen und Anregungen auf den Tisch, größtenteils werden sie durch die Vorleserinnen selbst eingebracht. Die Vorschläge werden gemeinsam diskutiert und, wenn möglich, in die Tat umgesetzt. Hier zeigt sich eine besondere Stärke von Lesewelt: Die freiwillig Engagierten sind in die Gestaltung und Entwicklung des Vereins mit einbezogen. Freiwilliges Engagement bei Lesewelt dient nicht zur Lösung finanzieller Probleme eines bestehenden Vereins, sondern es ist die Grundlage des gesamten Konzepts.

Vom ersten Anruf bis zum Vorlesen in der Bibliothek

Fast immer melden sich am Vorlesen interessierte Menschen – in der Regel Frauen – erst einmal telefonisch. Freiwillige Mitarbeiterinnen nehmen diese Gespräche entgegen. Sie notieren Namen, Adressen und Telefonnummern der Interessentinnen und erkundigen sich danach, wo die

Anruferinnen lesen möchten, welche Vorlesezeiten für sie in Frage kommen, ob sie auch längere Wege in Kauf nehmen würden, woher die Anruferinnen von Lesewelt wissen und warum sie vorlesen möchten. Wenn gewünscht, bekommen die Interessentinnen Informationsmaterial zugeschickt. Es folgt eine Einladung in das Büro des Vereins.

Auch diese ersten Gespräche führen jetzt freiwillige Mitarbeiterinnen, die bereits längere Zeit für Lesewelt tätig sind und damit bereits über eine Menge Erfahrungen verfügen. Im Gespräch geht es in erster Linie darum, die Erwartungen der interessierten Vorleserinnen zu erforschen, ihre Wünsche und ihre Vorstellungen vom Vorlesen zu hinterfragen. Dieses erste Treffen dient dem gegenseitigen Kennenlernen und wird genutzt, um Interessentinnen über die Abläufe bei Lesewelt zu informieren. Das ist ein sehr wichtiger Punkt in der beginnenden Zusammenarbeit, weil sich hier die Möglichkeit bietet, gegebenenfalls unzutreffende Vorstellungen zu korrigieren. Viele der Interessentinnen glauben, auf eine Situation zu treffen, die dem abendlichen Vorlesen am Bett des Enkelkindes oder der eigenen Tochter gleicht. Dieser Irrtum muss unbedingt im Vorfeld richtig gestellt werden. Auch wenn sich die meisten Interessentinnen nicht »abschrecken« lassen, so ist es doch schon vorgekommen, dass jemand sein Vorleseangebot zurückgenommen hat. Diese ehrliche Entscheidung erspart beiden Seiten möglicherweise unnötige Auseinandersetzungen und Enttäuschungen.

In solchen Fällen verweisen die Mitarbeiterinnen auf andere Möglichkeiten freiwilligen Engagements, zum Beispiel an die Freiwilligenagenturen in Berlin. Den meisten Interessentinnen und Interessenten jedoch ist ihre Begeisterung einen Versuch wert. Gemeinsam wird nach einem geeigneten Vorleseort gesucht, welcher vom Bedarf in den verschiedenen Bibliotheken und den zeitlichen Möglichkeiten der künftigen Vorleserin oder des Vorlesers abhängig ist.

In jeder Bibliothek gibt es eine Ansprechpartnerin im Vorleseteam von Lesewelt. Sie wird informiert, wenn eine neue Vorleserin oder ein neuer Vorleser beginnen möchte. Ihre Aufgabe ist es, den »Neuen« die Bibliothek zu zeigen, sie mit den anderen Vorleserinnen bekannt zu machen und auch den Bibliotheksmitarbeiterinnen vorzustellen. Nach der ersten Vorlesestunde findet eine Probephase statt, in deren Verlauf beide Seiten entscheiden können, ob sie weiterhin zusammenarbeiten möchten. Manchmal merken Vorleserinnen, dass sich ihre persönlichen Erwartungen an das Vorlesen nicht erfüllen. Da sie jedoch von der Lesewelt-Idee begeistert sind, haben sie nach anderen Einsatzmöglichkeiten gesucht. Aus dieser Situation heraus oder aus dem Wunsch einiger Vorleserinnen nach zusätzlichem Engagement haben sich bei Lesewelt neue Tätigkeitsbereiche für Freiwillige ergeben.

Jeder Freiwillige bei Lesewelt ist ein Gewinn

Fast unerschöpflich scheint die Bandbreite der beruflichen Hintergründe der Engagierten. Jeder oder jede hat andere Kompetenzen, kann irgendetwas ganz besonders gut. Die Einbeziehung der Freiwilligen in die Gestaltung von Lesewelt ist die Grundlage dafür, dass viele Kompetenzen der Vorleserinnen nicht im Verborgenen bleiben und dass die vielfältigen Ressourcen für die Entwicklung des Vereins genutzt werden können. Im Folgenden werden die Bereiche vorgestellt, in denen sich bislang Freiwillige für Lesewelt engagieren. In Zukunft werden sicherlich viele neue Bereiche hinzukommen.

Büroorganisation

Anne und Christa waren beruflich als Büroangestellte tätig und lesen schon seit längerem vor. Sie wollten gern noch andere Fähigkeiten einbringen. So kommen sie einmal in der Woche für mehrere Stunden in das Lesewelt-Büro. Eine ihrer Aufgaben besteht darin, Anrufe von Menschen, die sich für das Vorlesen interessieren, entgegenzunehmen und sie über ihre Aufgaben als zukünftige Vorleserinnen zu informieren sowie einen passenden Vorleseort zu finden. Außerdem kümmern sich die beiden freiwilligen Büromitarbeiterinnen darum, dass kein Geburtstag von Vorleserinnen in Vergessenheit gerät. Sie verschicken Glückwunschkarten mit

Zeichnungen von Lesewelt-Kindern. Einen großen Teil der Zeit nimmt das Kopieren von Texten und Flyern oder das Sichten und Sortieren von Buchspenden ein. Regelmäßig finden Treffen mit anderen Freiwilligen statt, die sich ebenfalls an der Büroorganisation beteiligen. Da werden Erfahrungen und Informationen ausgetauscht sowie anstehende Aufgaben verteilt.

Fundraising
Eine Vorleserin hat Kontakt mit Verlagen und Buchhandel aufgenommen oder pflegt bereits bestehende Beziehungen. Sie sorgt dafür, dass Lesewelt weiterhin Buchspenden erhält, mit denen Kinder und Vorleserinnen erfreut werden können. Eine Jurastudentin nutzt ihre Verbindungen, um zu versuchen, gerichtliche Bußgelder für Lesewelt einzuwerben.

Redaktionsteam
Im Frühjahr 2002 haben sich mehrere freiwillige Vorleserinnen zusammengeschlossen, um gemeinsam ein Redaktionsteam zu bilden. In regelmäßigen Abständen wollen sie eine »Lesewelt-Info« erarbeiten. In diesem Informationsblatt werden sie über die neuesten Ereignisse und Entwicklungen von Lesewelt berichten. Zielgruppe sind Vorleserinnen und Vorleser, Mitglieder des Vereins, Bibliotheksmitarbeiterinnen und Förderer.

Homepage
Als Abschlussarbeit ihrer Ausbildung zu Informationsmanagerinnen erstellten vier Frauen die Internetseiten von Lesewelt. Auch nach Abschluss der Schulung kümmern sie sich regelmäßig um die Pflege der Homepage.

Ingeburg hat einen Traum

Porträt einer Vorleserin. Von Gilda Petzold

Die Geschichte geht so: Als junge Frau erlernte Ingeburg den Beruf einer Buchhändlerin. Sie heiratete und bekam zwei Kinder. Später wurde sie Krankenschwester. In einer orthopädischen Klinik hatte Ingeburg täglich mit vielen Menschen zu tun und war froh, abends ihre Ruhe in dem kleinen Häuschen mit Garten zu haben. Doch mit dem Einstieg ins Rentnerdasein wurde alles ganz anders: zu ruhig, zu still, zu idyllisch. Ein Traum, tief im Innern vergraben, arbeitete sich wieder ins Bewusstsein empor. Oft hatte sie davon geträumt, im Rentenalter noch mal etwas ganz anderes zu machen.

Ein Entschluss reifte heran: »Ich ziehe nach Berlin!« In der Enge der kleinen Stadt hatte Ingeburg das Gefühl, ihren Traum nicht verwirklichen zu können. Mit ihrer Entscheidung rief sie bei Freunden und Bekannten vorwiegend Unverständnis und Kopfschütteln hervor. Nichts half, Ingeburg war nicht zur Umkehr zu bewegen. Sie suchte sich in Berlin eine Wohnung, packte ihre Sachen und zog los. Es ist jetzt zwei Jahre her, dass sie aus der Vorstadtidylle von Bremerhaven nach Berlin zog.

Die Frau, die so viel Ruhe ausstrahlt, hat sich schon immer besonders für internationale politische Zusammenhänge und Menschenrechte interessiert. Sie engagierte sich freiwillig bei Amnesty International, in einem bosnischen Hilfsverein und einem deutsch-türkischen Kulturverein. Dieses Interesse kam nicht von ungefähr. Ingeburgs Schwiegersohn hat seine familiären Wurzeln in der Türkei. Doch da war noch etwas anderes. Das Gefühl, etwas bewirken zu wollen, trieb sie um. Bei vielen ihrer freiwilligen Einsätze hatte sie den Eindruck, nur für sich selbst etwas zu tun. Die Idealsituation wäre: ein Verein mit klar definierten

Zielen und eine Tätigkeit, die das Gefühl vermittelt, wirklich etwas zu bewegen.

Irgendwann während der Suche nach einer sinnvollen Betätigung traf sie auf das Vorleseprojekt Lesewelt. »Das könnte es sein!«, dachte sie sich. Schon nach kurzer Zeit fand sie in einem kleinen türkischen Mädchen eine regelmäßige Zuhörerin. Nach dem gemeinsamen Lesen kamen die beiden oft ins Gespräch. Sie erzählten sich gegenseitig aus ihrem Leben und sprachen über die täglichen Dinge. Da Ingeburg Interesse an der türkischen Sprache zeigt und auch einigermaßen gut türkisch spricht, brachte sie einmal ein türkisches Wörterbuch mit, um türkische und deutsche Wörter auszutauschen. Eines Tages trug das Mädchen einen ganzen Stapel Papier unter dem Arm: Buchstabe für Buchstabe hatte sie das türkische Alphabet aufgeschrieben. Ingeburg war tief bewegt. Dann fuhr das Mädchen, wie jeden Sommer, zum Urlaub in die Türkei. Gemeinsam schauten sie vorher in den Atlas, um zu sehen, wo genau die Reise hingehen solle und in welchen Gegenden die Familie verstreut lebt. Ingeburg und ihre kleine Zuhörerin verabredeten, sich Urlaubsgrüße zu schicken. Beide hielten ihr Versprechen ein. Pünktlich zum Ende der Ferien war das Mädchen zum Vorlesen wieder da. Ihr Vater hatte ihr Börek mitgegeben, ein typisches türkisches Gebäck aus Blätterteig. Extra für die Vorleserin.

Ingeburg ist sich nicht sicher, ob sie der Verwirklichung ihres Traumes ein Stück näher gekommen ist. Irgendwie sei sie noch immer auf der Suche. Doch wer kann schon immer zwischen Wirklichkeit und Traum unterscheiden?

Anerkennung freiwilligen Engagements

Zu einem Grundverständnis freiwilliger Tätigkeit gegenüber gehört, dass die Menschen Dank und Anerkennung für ihre geleistete Arbeit erhalten. Der schon zur Tradition gewordene Neujahrsempfang für alle bei Lesewelt Engagierten bietet eine gute Gelegenheit, nicht nur Dank auszusprechen, sondern gleichzeitig Freiwillige der verschiedenen Tätigkeitsbereiche von Lesewelt miteinander ins Gespräch zu bringen. Der Bedarf an einem Informations- und Erfahrungsaustausch ist sehr hoch. Vorleserinnen von Lesewelt hatten die Idee, einen »Jour fixe« zu organisieren, um den regelmäßigen Kontakt untereinander zu festigen. Sie wollen andere Vorleserinnen kennen lernen, Probleme besprechen und gemeinsam nach Lösungen suchen. Ihnen geht es darum, ihre Erfahrungen mit den Vorlesestunden auszutauschen, aber auch über Bücher zu sprechen, die sie selbst lesen.

Auch Fortbildungen sind eine gute Form der Anerkennung. Sie zeigen den Menschen, dass sie in ihrer Tätigkeit ernst genommen werden. Vorleserinnen bei Lesewelt sind keine Profis, für sie stehen Spaß und Freude mit Büchern im Vordergrund. Dennoch bieten Fortbildungen ihnen die Gelegenheit, ihr Können zu festigen und zu erweitern und neue Impulse für das Lesen zu erhalten.

Für viele Vorleserinnen bei Lesewelt sind die durch das Vorlesen entstehenden sozialen Kontakte sehr wichtig. Sie treffen mit Kindern zusammen, mit Bibliothekarinnen und mit anderen Vorleserinnen. An diesem Bedürfnis anknüpfend, ist Lesewelt bemüht, gemeinsame Erlebnisse zu schaffen. Für alle ist es eine große Freude, gemeinsame Unternehmungen auch außerhalb der wöchentlichen Treffen zu erleben.

»Ein Fundraising-Führerschein für freiwillig Engagierte«

Über Fortbildungsmöglichkeiten für freiwillig Engagierte informiert Thomas Kegel, Projektleiter der Akademie für Ehrenamtlichkeit in der Jugendhilfe Berlin.

Ehrenamtliche und Freiwillige bringen für ihr Engagement viele Kompetenzen mit: ihre Schulbildung, Erfahrungen aus der Familie und aus dem Beruf sowie ihre bisherige Lebenserfahrung. Immer wieder jedoch wird deutlich, dass Freiwillige den Wunsch haben, sich für ihre Tätigkeiten besonderes Wissen und spezielle Fertigkeiten anzueignen. Fortbildungen tragen aber auch dazu bei, dass sich Freiwillige ihrer vorhandenen Ressourcen überhaupt bewusst werden und lernen, diese zu reflektieren. Nicht zuletzt können Fortbildungen die unterschiedlichen Sichtweisen von hauptamtlich und freiwillig Beschäftigten deutlich machen und damit Voraussetzungen für ein verständnisvolles sowie kooperatives Miteinander schaffen.

Seit 1994 bietet die Akademie für Ehrenamtlichkeit Fortbildungen für Freiwillige, ehren- und hauptamtlich Aktive, bundesweit an. Die Akademie ist ein Projekt im Förderverein für Jugend und Sozialarbeit e.V., Berlin. Die Mitarbeiterinnen und Mitarbeiter möchten dazu beitragen, attraktive Rahmenbedingungen für ehrenamtliches, freiwilliges, bürgerschaftliches Engagement zu schaffen.

Eine Vielzahl von Ausbildungsgängen bieten wir im Managementbereich. So können Freiwillige zum Beispiel Zusatzqualifikationen in den Bereichen Sozialmanagement, Vereinsmanagement und Freiwilligenmanagement erwerben. Auch das Thema Fundraising ist ständig in unserem Fortbildungsangebot zu finden, hier können die Teilnehmerinnen und Teilnehmer einen so genannten »Fundraising-Führerschein« machen.

Wer kann Vorleserin oder Vorleser werden?

»Bin ich überhaupt für das Vorlesen geeignet?« Das ist eine Frage, die oft gestellt wird. Dann nämlich, wenn Frauen oder Männer anrufen, weil sie von Lesewelt gehört oder über den Verein gelesen haben und mitmachen möchten. Es gibt keine großen Hürden, die zum Vorlesen bei Lesewelt genommen werden müssen. Jeder, der vorlesen möchte, sollte die im Folgenden aufgeführten Aspekte berücksichtigen und selbst überprüfen, ob er diese Voraussetzungen erfüllt.

Spaß am Lesen

Menschen, die anderen vorlesen, sollten natürlich selbst Spaß am Lesen und am Umgang mit Büchern haben. Schließlich geht es darum, Freude am Lesen zu vermitteln.

Freude am Umgang mit Kindern

Vorlesen bei Lesewelt bedeutet, mit Kindern zusammen zu sein. Kinder sind ehrliche Zuhörer. Wenn sie sich langweilen oder das Buch ihnen nicht gefällt, dann zeigen sie dies. Hier gibt es keinen höflichen Applaus oder stummes Ertragen. Nicht nur Kompromissbereitschaft ist gefragt, sondern auch eine gehörige Portion Geduld.

Zuverlässigkeit und Verantwortungsbewusstsein

Viele Kinder besuchen die Vorlesenachmittage regelmäßig. Oft freuen sie sich darauf, »ihre« Vorleserin wieder zu treffen. Vorlesen ist eine besondere Art persönlicher Zuwendung und Aufmerksamkeit. Im Laufe der Zeit können zwischen Kindern und Vorleserinnen vertrauensvolle zwischenmenschliche Beziehungen entstehen. Um Enttäuschungen seitens der Kinder auszuschließen, sollten sich künftige Vorleserinnen bereits im Vorfeld gut überlegen, ob ihr Zeitplan eine regelmäßige Teilnahme an den Vorlesestunden erlaubt.

Interesse und Aufgeschlossenheit gegenüber anderen Kulturen

Den Stadtteilen entsprechend, in denen die Vorlesestunden organisiert werden, besuchen auch Kinder, in deren Familien nicht Deutsch gesprochen wird, die Nachmittage. In Berlin sind es derzeit vor allem Kinder aus türkischen und arabischen Familien. Die Vorleserinnen sollten dem Leben der Kinder in anderen Kulturkreisen gegenüber aufgeschlossen sein. So können sie die Kinder nicht nur für sich gewinnen, sondern erhalten gleichfalls die Chance, von ihnen zu lernen.

Lesewelts Vorleserinnen

Ungefähr 80 freiwillige Vorleserinnen – es sind tatsächlich fast ausschließlich Frauen – treffen sich bei Lesewelt einmal in der Woche, um Kindern Zeit zu spenden. Die jüngste Vorleserin ist elf Jahre alt, die älteste 85. Die Vorleserinnen sind Studentinnen oder gehen noch zur Schule; einige Frauen wollen im Rentenalter aktiv sein, andere sind arbeitslos und suchen eine sinnvolle Beschäftigung. Beruflich stark eingebundene Frauen nutzen das Vorlesen als Ausgleich. Inzwischen gibt es 18 Vorleseteams, die sich regelmäßig in den jeweiligen Bibliotheken zusammenfinden. Auch für Nachwuchs ist gesorgt. Junior-Vorleserinnen sind Mädchen, die noch die Schule besuchen, aber schon prima vorlesen können. So werden aus Zuhörerinnen junge Vorleserinnen.

Wer liest, gewinnt. Wer vorliest, auch.

Vorleserinnen sind nicht nur Gebende. Durch das Vorlesen und den Kontakt mit den Kindern, durch das Kennenlernen anderer Kulturen und nicht zuletzt durch die Begegnungen untereinander können sie auch eine Menge für sich mitnehmen. An dieser Stelle kommen Vorleserinnen von Lesewelt zu Wort. Sie erzählen, warum sie wöchentlich in Bibliotheken fahren, um Kindern freiwillig vorzulesen. Die Stimmen der Vorleserinnen hat Gilda Petzold eingefangen.

Um Konflikte gewaltfrei lösen zu können, muss ein Kind selbstbewusst sein und gut mit Sprache umgehen können. Ein großer Wortschatz und eine gute Aussprache sind dazu die besten Voraussetzungen. Um Lust an Sprache zu vermitteln, lese ich den Kindern gerne vor. Dabei können unbekannte Begriffe gleich besprochen und erklärt werden. Wenn durch das Vorlesen bei dem einen oder anderen Kind der Ehrgeiz geweckt wird, selbst Bücher lesen zu können, würde mich das sehr, sehr freuen.

Anne

Das Vorlesen bei Lesewelt ermöglicht es mir, einigen Kindern die phantastische Welt der Bücher, den Spaß am Lesen, Vorlesen und Zuhören ein Stück weit näher zu bringen. Die meisten Kinder sind durch das Fernsehen stark visuell geprägt und nicht daran gewöhnt, zu lesen und sich mit Büchern zu beschäftigen. Außerdem finde ich es hochinteressant, mich durch diese Tätigkeit wieder intensiver mit der Kinder- und Jugendbuchlandschaft zu beschäftigen.

Enikö

Vorlesen halte ich für sehr wichtig. In Zeiten der Reizüberflutung bietet es die Möglichkeit, sich auf eine Sache, ein Buch zu konzentrieren. In der Vorlesepraxis bauen die Kinder manchmal ein festes Verhältnis zur vorlesenden Person auf. Während des Vorlesens breitet sich Ruhe aus, und Erinnerungen werden wach, bei Vorlesern und Kindern. In kleineren Gruppen lernen die Kindern, anderen zuzuhören, oder trauen sich selbst zu erzählen. Manchmal sprudelt es nur so aus ihnen heraus. Ich selbst bekomme durch das Lesen sehr viel. Im engen Kontakt mit anderen Menschen kann ich meine Gedanken austauschen. Ich kann den Kindern meine Lieblingsbücher vorlesen und ihnen so etwas mitteilen, oder sie stellen mir ein tolles Buch vor. Oft lerne ich durch die Erzählungen der Kinder aus ihrer Weltsicht dazu.

Susann

Weil ich selbst sehr gern lese, lese ich Kindern in einer Bibliothek in Berlin-Mitte vor. Ich wünsche mir, meine Freude an Büchern den Kindern weitergeben zu können. Es ist schön, wenn Kinder aus verschiedenen Nationen und Kulturkreisen zusammensitzen und aus einem Buch eine Geschichte hören. Manchmal muss ich den Kindern verschiedene Wörter oder Begriffe noch einmal erklären, weil sie von ihnen im täglichen Sprachgebrauch kaum genutzt werden.

Waltraud

Ganz einfach: Ich lese gern! Diese Freude an Büchern möchte ich weitergeben. Außerdem finde ich es wichtig, dass auch die Kinder nichtdeutscher Herkunft spüren, sie werden wie alle anderen Kinder behandelt. Nach meinem Urlaub haben die Jungen und Mädchen mich stürmisch begrüßt und mir gesagt, sie hätten mich schon vermisst. Das ist wirklich ein schönes Gefühl.

Christa

Es sollte in diesem Kapitel wie im gesamten Buch deutlich geworden sein, wie viel Spaß und Freude die freiwilligen Vorleserinnen und Vorleser geben und nehmen, aber auch, mit wie viel Ernsthaftigkeit sie ihre verantwortungsvolle Aufgabe wahrnehmen. Doch so selbständig und engagiert sie auch arbeiten, ist eine Betreuung und Koordination ihrer Tätigkeit notwendig. Das bedeutet zum Beispiel, dass ein hauptamtlicher Ansprechpartner zur Verfügung stehen muss, der nicht nur ein offenes Ohr für die vielen Fragen und Probleme hat, sondern der sich auch um deren Lösung bemüht. Die vielen Ideen der Freiwilligen sind für Lesewelt ein großer Gewinn. Jedoch muss jemand da sein, der den Verein als Ganzes im Auge hat, sich mit den Vorschlägen auseinander setzt und die Entwicklung sowie Umsetzung der Ideen begleitet. Immer wieder zeigt sich, wie wichtig Freiwilligen der zwischenmenschliche Kontakt ist. Und auch das macht Lesewelt aus: Auf das persönliche Kennenlernen wird sehr viel Wert gelegt.

---

[1] Klages, Helmut: Engagement und Engagementpotential in Deutschland. Erkenntnisse der empirischen Forschung. In: Aus Politik und Zeitgeschichte. Beilage zur Wochenzeitung »Das Parlament«. Heft B38/98. Bundeszentrale für Politische Bildung (Hrsg.). Bonn 1998

[2] Dettling, Warnfried: Ehrenamt in der Bürgergesellschaft. Ein neues Leitbild für freiwilliges soziales Engagement. Eine gesellschaftspolitische Standortbestimmung. In: Robert Bosch Stiftung (Hrsg): Beiträge zum Ehrenamt 1. Stuttgart 2000. S. 11

[3] Paritätischer Wohlfahrtsverband LV NRW e.V. und Stiftung Mitarbeit (Hrsg.): Projektgruppe Ehrenamt, Stiftung Mitarbeit: Logbuch für Schatzsuchende. Ein Lesebuch für freiwilliges soziales Engagement. Bonn 1997

Nachmachen erwünscht!
Ein Leitfaden für Vorleseprojekte

Von Gilda Petzold und Carmen Stürzel

»Der Anfang ist die Hälfte des Ganzen.«

Aristoteles

Erste Schritte

Möglicherweise haben die vorangegangenen Kapitel Lust darauf gemacht, selbst Vorlesetreffen zu organisieren und ein Projekt ähnlich dem von Lesewelt aufzubauen. Der folgende Teil richtet sich vor allem an jene, die genau das wollen. Wir haben möglichst viele Aspekte erfasst, die bei der praktischen Umsetzung der Idee zu berücksichtigen sind – natürlich sind vor allem die Erfahrungen der Initiatoren des Vereins Lesewelt in den Text eingeflossen.

Lesewelt in Berlin ist innerhalb kurzer Zeit zu einem großen Projekt gewachsen. Diese Entwicklung basiert auf den vielen Möglichkeiten und Ressourcen, die eine Stadt wie Berlin bietet. Aber es ist vor allem dem unermüdlichen Engagement der freiwillig Beteiligten zu verdanken. Es tut gut, zu sehen, wie sich Menschen für das Wohl von Kindern einsetzen, wie zuverlässig und verantwortungsbewusst sie die anstrengende Aufgabe übernehmen, Mädchen und Jungen die Freude am Umgang mit Büchern zu vermitteln. Doch auch freiwillige Tätigkeit funktioniert nicht ohne Organisation und Koordination.

Möglichst viele Menschen für die Umsetzung der Idee von Lesewelt zu gewinnen, ist die eine Seite. Diese Tätigkeit zu organisieren und zu koordinieren, die andere. Kompetente Menschen mit viel Enthusiasmus, aber auch mit Sinn für Realität werden gebraucht. Der Umfang der Aufgabenbereiche sowie der Aufwand sind von der Größe des Projekts und den örtlichen Gegebenheiten abhängig. Nicht in jedem Fall wird wie in Berlin eine Projektleitung notwendig sein. Bevor es mit dem Vorlesen richtig losgehen kann, müssen bestimmte Aspekte bei der Organisation der Vorlesetreffen berücksichtigt werden. Die wichtigsten werden im Folgenden dargestellt.

Verbündete suchen

Die Idee überzeugt, und die Begeisterung schlägt hoch. Doch wie soll es weitergehen? Verbündete müssen her, allein ist es nicht zu schaffen. Nur, wo und wie sind Partner zu finden? Es empfiehlt sich, zuerst den privaten Rahmen auszuloten. Einfach hinsetzen und eine Liste machen von Freunden, Bekannten und Verwandten, die sich eventuell von der Idee überzeugen lassen könnten. Fragen kostet nichts – außer das Geld für Telefonate oder die Einladung zu einer Tasse Kaffee oder Tee. Dies ist zugleich auch eine gute Gelegenheit, eingeschlafene soziale Beziehungen und Kontakte wieder aufzufrischen. Die Gespräche im privaten Raum geben vor allem denjenigen, die zunächst den Auftritt in der Öffentlichkeit scheuen, eine Möglichkeit zum Üben und Überprüfen ihrer eigenen Argumente. Auch Freiwilligenagenturen sind eine erste Anlaufadresse. Möglicherweise gibt es bereits Interessierte, die Lust haben, eine Vorleseinitiative mit aufzubauen.

Sind Verbündete gefunden, kann es losgehen. Bis zur ersten Vorlesestunde sind noch einige Hürden zu nehmen. Im Team können die anstehenden Aufgaben aufgeteilt und schneller erledigt werden. Nicht zuletzt gilt: einfach beginnen! Auch die Berliner Initiatorin Carmen Stürzel musste einige Hürden nehmen. Über mehrere Wochen baute sie Kontakt zu einer Vorschulklasse in Berlin-Kreuzberg auf. Sie versuchte, Lehrerinnen, Eltern und Erzieher von der Lesewelt-Idee zu überzeugen. Endlich hatte sie drei kleine Zuhörer gefunden. Von da an ging es richtig los. Als hätten sie nur darauf gewartet, meldeten sich wöchentlich, manchmal täglich, Frauen und Männer zum Vorlesen.

Vorleseorte

Geeignete Vorleseräume sind zentral für jede Initiative. In Berlin wurden Kontakte zu Bibliotheken aufgenommen und das Konzept von Lesewelt vorgestellt. Aber auch Schulen und Kindertagesstätten in der unmittelbaren Umgebung sind gute Adressen, um dort zu starten. Ebenso bieten sich

Vereins- und Gemeinderäume zum Vorlesen an. Abgewiesen zu werden sollte nicht entmutigen, auch in Berlin ist die Idee vom Vorleseprojekt an einigen Stellen anfangs auf Skepsis gestoßen. Bibliotheksmitarbeiter, Lehrer und Erzieher waren jedoch in der Regel schnell begeistert, da sie sofort die positiven Effekte eines solchen Programms auf die Kinder sahen, mit denen sie täglich umgeben sind.

Was gibt es Schöneres, als sich an dunklen Winterwochenenden mit einem Buch in den Händen aufs Sofa zu setzen, die Kissen im Rücken bequem zurechtgerückt. Auf einem Tischchen dampft der Tee, Kekse liegen in greifbarer Nähe. Vorlesen bei Lesewelt findet natürlich in einem anderen Rahmen statt. Aber auch hier spielt die Atmosphäre eine nicht unbedeutende Rolle. Vorleserinnen und Kinder sollen sich geborgen fühlen, in Ruhe lesen können und nicht ständig von anderen Personen gestört werden. In vielen Bibliotheken fehlten kuschelige Leseecken, in die sich die Kinder zurückziehen konnten. Inzwischen hat sich einiges getan. Hier und da wurden auch mit Unterstützung von Lesewelt bequeme Sofas und Stühle aufgestellt oder Kissen und Decken angeschafft. Auch in anderen öffentlichen Räumen, vom Gemeindehaus bis zum Kinderhort, lassen sich mit einigen Anstrengungen und mit Unterstützung gemütliche Ecken zum Vorlesen einrichten. Vielleicht findet sich ein großzügiger Spender im Ort, der Geld für ein Sofa oder andere bequeme Sitzgelegenheiten bietet oder Möbel abzugeben hat. Auf jeden Fall sollten die Vorleseorte öffentlich, d. h. für jeden zugänglich sein. Wichtig ist, dass die Kinder sie gut erreichen können. Ist das nicht möglich, lässt sich vielleicht in Absprache mit Eltern oder anderen Personen ein privater Fahrdienst organisieren.

Vorlesezeiten

Gleichzeitig müssen die Zeiten für das Vorlesen abgesprochen werden. Dafür sind die Erfahrungen der Bibliotheksmitarbeiter sehr hilfreich. Sie wissen, wann die günstigsten Tage und Zeiten zum Vorlesen sind, und stehen in engem Kontakt mit Schulen und Kindergärten. Hier kommt es ganz auf die örtlichen Gegebenheiten an. Es gibt mehrere Kriterien, die bei der Festlegung der Vorlesezeiten eine erhebliche Rolle spielen.

- Schulschluss
- Essenszeiten
- eventuell Ruhezeiten bei kleineren Kindern
- Hausaufgaben
- Öffnungszeiten der Bibliotheken
- Busfahrzeiten in kleineren Orten und Gemeinden
- Abholzeiten bei den Kindertagesstätten

Auch hier gilt: einfach beginnen und sich auf einen Tag und eine Zeit festlegen, an denen regelmäßig vorgelesen werden kann. Für alle wird ein Termin nie perfekt sein. Trotz aller Vorüberlegungen kann die Praxis dann doch ganz anders aussehen. Bei Lesewelt in Berlin wurde zum Beispiel der Termin des ersten Vorlesenachmittags mehrmals verschoben, bis der günstigste Zeitpunkt gefunden wurde. Die meisten Vorlesenachmittage in Berlin finden in der Zeit von 15.00 bis 16.00 Uhr statt.

Wichtig ist jetzt auch, mit allen Beteiligten einen Termin für den Start des ersten Vorlesenachmittags zu vereinbaren. Man muss die Werbetrommel rühren und Handzettel zum Vorlesenachmittag gestalten, kopieren und Eltern, Lehrer und Erzieher auf das neue Angebot aufmerksam machen. Sehr engagiert setzten sich Mitarbeiterinnen Berliner Bibliotheken dafür ein, Lehrerinnen und Erzieher über die Vorleseaktivitäten zu informieren.

Freiwillige Vorleserinnen und Vorleser

Nun beginnt die Suche nach freiwilligen Vorleserinnen und Vorlesern: Um Menschen für freiwillige Tätigkeiten zu gewinnen, spricht man sie am besten ganz persönlich an. Viele Leute würden sich gern engagieren. Sie wissen nur nicht, wo Freiwillige gebraucht werden. Die Initiatorin von

Lesewelt, Carmen Stürzel, hat zuerst ihren Freundes- und Bekanntenkreis mobilisiert. Sie war selbst überrascht, in welch kurzer Zeit sie Mitstreiterinnen fand. Mancherorts haben sich in den letzten Jahren Freiwilligenagenturen gegründet, die geeignete Leute an Projekte und Vereine weitervermitteln. So konnte auch Lesewelt durch die Arbeit des Treffpunkts Hilfsbereitschaft in Berlin profitieren. Die größte Resonanz auf der Suche nach freiwilligen Vorlesern hatte Lesewelt durch Veröffentlichungen in der regionalen Presse. Die Zusammenarbeit mit Journalisten und Fotografen erwies sich als äußerst wichtig.

Wenn sich Interessenten gefunden haben, müssen die Vorleseteams zusammengestellt werden. Je nach Größe der Bibliothek bestehen sie aus zwei bis acht Vorleserinnen, die immer zum gleichen Zeitpunkt zum Vorlesen kommen. Je nachdem, an welchen Wochentagen und zu welchen Zeiten jemand vorlesen kann, werden entsprechende Bibliotheken ausgesucht. Dabei musste gerade in Berlin auch berücksichtigt werden, dass lange Wege vermieden werden. Kann kein passender Vorleseort und kein geeigneter Termin gefunden werden, werden Interessenten auf einer Warteliste vermerkt.

Für die Berliner Vorleserinnen ist das Treffen in festen Teams wichtig. So können sie soziale Kontakte knüpfen und Erfahrungen austauschen. Sei es auch nur ein kurzes Gespräch am Rande, gibt ihnen das feste Team doch ein Gefühl der Zugehörigkeit.

»Sich engagieren ist ganz einfach ...«

Carola Schaaf-Derichs, Leiterin der Berliner Freiwilligenagentur »Treffpunkt Hilfsbereitschaft«, sagt, wie. Nach demselben Muster arbeiten auch andere Freiwilligenagenturen in Deutschland.

Die meisten Interessentinnen und Interessenten kommen mit relativ offenen Vorstellungen zu uns. Wir beraten die Menschen darüber, wo sie sich in Berlin freiwillig engagieren können, und vermitteln sie genau an die Stelle, die zu ihnen passt. Dabei können wir derzeit auf ein Spektrum von 180 Organisationen zurückgreifen.

Wir haben verschiedene Kriterien aufgestellt, welche die Rahmenbedingungen für Freiwillige in den entsprechenden Organisationen verbessern sollen. Dazu gehören solche Aspekte wie Fragen des Versicherungsschutzes, klare Aufgabeneinteilung, adäquate Vorbereitung auf die Tätigkeiten oder das Bereithalten eines festen Ansprechpartners. In einem Katalog haben wir alle Kriterien zusammengestellt.

Unsere Partnerorganisationen haben sich bei uns über die notwendigen Qualitätskriterien für Freiwilligenarbeit informiert und zu entsprechenden Veränderungen in ihren Einrichtungen beraten lassen. Dadurch können wir Menschen, die anderen freiwillig helfen wollen, gezielt an bestimmte Ansprechpartner in den Organisationen, Vereinen, Initiativen usw. verweisen. Darüber hinaus haben wir ein Qualitätsmanagement eingeführt, durch welches Freiwillige die Garantie erhalten, dass sie in den von uns vermittelten Einrichtungen Wertschätzung und Anerkennung erhalten. In regelmäßiger Kooperation werten wir mit unseren Partnern zusammen aus, wie zufrieden sie sind. Außerdem nehmen die Mitarbeiterinnen und Mitarbeiter der Freiwilligenagentur regelmäßig an Fort- und Weiterbildungen teil. Denn wenn wir von den Organisationen Qualität in der Arbeit mit Freiwilligen verlangen, dann müssen auch wir auf die Qualität unserer Arbeit achten.

Auch mit Lesewelt arbeiten wir zusammen. Dieses Angebot für Freiwillige schätzen wir besonders, denn die Förderung der Lesekompetenzen hat ja gerade in den letzten Monaten durch die Ergebnisse der Pisa-Studie ein besonderes Gewicht in der Entwicklung unserer Jüngsten erhalten. Es ist erfreulich und anerkennungswürdig, dass sich so viele Menschen zur freiwilligen Unterstützung bereit erklären. Da wir auch als Lobby-Vertretung für die Interessen von Freiwilligen und den Freiwilligenorganisationen aktiv sind, stehen wir Lesewelt jederzeit mit Rat und Tat zur Seite.

Kinder und Eltern

Im Mittelpunkt der Vorlesenachmittage stehen die Kinder. Lesewelt hat gute Erfahrungen damit gemacht, Kinder direkt in den Bibliotheken anzusprechen. Haben die Kinder erst mal Feuer gefangen, bringen die Mädchen und Jungen oft Freunde und Geschwister zu den nächsten Vorlesenachmittagen mit. Kleine Anreize können die Kinder zur regelmäßigen Teilnahme motivieren. Nach jedem Vorlesenachmittag, an dem sie sich beteiligt haben, bekommen die Jungen und Mädchen bei Lesewelt auf nur für sie bestimmten Vorlesekarten einen Stempel. Nach zehnmaliger Beteiligung erhalten die Kinder eine Urkunde und ein kleines Buchgeschenk. Entscheidend für die Kinder ist Kontinuität und Verlässlichkeit. Sie legen Wert darauf, immer zusammen mit »ihrer« Vorleserin zu lesen. Inzwischen kennen sich viele Kinder und Vorleserinnen schon so gut, dass sich ein Gefühl des Vertrauens eingestellt hat.

Bibliotheken spielen eine wichtige Rolle, wenn es darum geht, Mädchen und Jungen für die Vorlesenachmittage zu interessieren. Bibliotheksmitarbeiterinnen und -mitarbeiter haben Kontakte zu Schulen und Kindertagesstätten in der unmittelbaren Umgebung. Sie stellen das Projekt in entsprechenden Einrichtungen vor und informieren Multiplikatoren.

Eine weitere wichtige Gruppe sind die Eltern. Kleinere Kinder sind darauf angewiesen, dass sie zu den Vorlesenachmittagen begleitet werden. Also gilt es, schon im Vorfeld den Eltern die Idee von Lesewelt nahe zu bringen. Günstig ist es, die Kontakte über Schulen und Kindertagesstätten oder über Bibliotheken herzustellen. Vor allem angebotene Schnupperbesuche werden gern genutzt. Dabei geht es darum, dass Eltern sehen, wie ein Vorlesenachmittag abläuft. Bei Kaffee und Kuchen können sie sich vom Nutzen, den ihre Kinder durch die Teilnahme am Vorlesen haben, selbst überzeugen. Gehören zur Zielgruppe Jungen und Mädchen aus Familien mit nichtdeutscher Herkunftssprache, bietet es sich an, Informationsblätter auch in der jeweiligen Sprache zu verfassen. Möglicherweise können diese Aufgabe sogar Mütter oder Väter von Vorlesekindern übernehmen.

Bücher

In Bezug auf die Bücherbereitstellung sind Bibliotheken natürlich die besten Vorleseorte. Hier ist eine reichhaltige Auswahl vorhanden und kompetente Mitarbeiter können den Vorlesern bei der Buchauswahl behilflich sein. Initiatoren, die diese Möglichkeit nicht haben, müssen sich entsprechend der örtlichen Gegebenheiten nach Alternativen umsehen. Gibt es in der nächsten Stadt eine Bibliothek, die möglicherweise Bücher ausfährt? Ist in der Gegend ein Bücherbus unterwegs? Gibt es Personen oder Firmen, die für die Bücherbeschaffung angeheuert werden können oder die für das Beschaffen von Büchern spenden?

Sind alle diese Möglichkeiten nicht vorhanden, dann wäre zu überlegen, ob Vorleserinnen selbst Bücher mitbringen. Mit einem geheimnisvollen Bücherkoffer die Kinder aufzusuchen, ist sicherlich für beide Seite spannend. Die Kinder fragen sich, welche Bücher die Kiste wohl enthält, die Vorleserin ist neugierig, was sich die Jungen und Mädchen aussuchen werden.

In Berlin steht an den Vorlesenachmittagen in jeder Bibliothek eine Bücherkiste mit einer Vorauswahl an Büchern bereit. Sie dient als Anregung für Vorleserinnen und Kinder. Natürlich können die Kinder auch andere Bücher aussuchen oder die Vorleserinnen eigene Bücher mitbringen. Und in die Lesewelt-Bücherkiste können auch die Bücher wieder hineingelegt werden, die in der nächsten Woche weitergelesen werden sollen.

Start des ersten Vorlesenachmittags

Premiere! Nun ist es so weit. Das Vorlesen kann beginnen. Um sicher zu sein, dass beim ersten Vorlesetermin auch Kinder dabei sind, kann eine feste Kindergruppe eingeladen werden. Die Kinder werden begrüßt und in kleine Vorlesegruppen aufgeteilt. Zum Schluss füllen die Vorleser die vorbereiteten Vorlesekarten aus, d. h., sie tragen das Datum, eine Unterschrift und vielleicht kleine Stempel ein.

Für den praktischen Ablauf des Vorlesenachmittags sollte vorher an Folgendes gedacht werden: Die Vorlesekarten für die Kinder, eventuell ein Stempel, auf jeden Fall ein Statistikbogen und Informationsmaterial über das Projekt sollten griffbereit sein. Aber auch Malstifte und Papier sind nützlich, wenn die Konzentration der Kinder auf die Bücher abnimmt.

Vor dem Start muss die Presse über den Beginn des Vorlesenachmittags informiert werden. Das ist notwendig, um weitere Vorleserinnen und Vorleser zu finden und auch die Öffentlichkeit über das neue Angebot zu informieren. Schon bald kann in weiteren Bibliotheken mit dem Vorlesen begonnen werden. Bei Lesewelt hat jeder Vorlesenachmittag in einer neuen Bibliothek seine Anlaufphase. Das heißt, es braucht etwas Zeit, bis der Vorlesenachmittag etabliert ist und die Kinder regelmäßig teilnehmen. Dennoch: Die Arbeit lohnt sich! Welcher Vorleser kann bei der Frage: »Kommst du nächste Woche wieder?«, schon »Nein« sagen? Die Freude der Kinder und manchmal ein selbst gemaltes Bild sind eine hohe Motivation, weiterzumachen.

»Fangen Sie einfach an!«

Das erste Mal traf sich Carmen Stürzel mit Kindern zum Vorlesen in der Wilhelm-Liebknecht-Bibliothek. Leiterin der Kinderbibliothek ist Manuela Werner. Sie war nicht die erste Bibliothekarin, die Carmen Stürzel mit der Lesewelt-Idee bekannt machte, aber die erste, die zusagte. Auskunft über ihre Motive und Erfahrungen gibt das folgende Gespräch, das Gilda Petzold mit Manuela Werner geführt hat.

»Fangen Sie einfach an.« Frau Werner, das waren Ihre Worte, nachdem Sie das Konzept des Vorleseprojekts kennen gelernt hatten. War das eine spontane Entscheidung?

Nein, ich habe natürlich überlegt, wie diese Idee mit dem Konzept unserer Bibliothek zusammenpasst, und herausgefunden, dass es viele gemeinsame Ansatzpunkte gibt. Der Inhalt des Projekts ist ja ein Teil unseres Anliegens, Kindern durch positive Erlebnisse einen Zugang zum Medium Buch, zur Literatur zu verschaffen. Da wir uns in unserer personellen Situation nicht einzelnen Kindern zuwenden können, passte das Vorhaben wunderbar in unser Konzept.

Wie haben Sie die ersten Vorlesestunden erlebt?

Den Kindern gefiel das Vorlesen, doch sie hatten Probleme, sich über einen längeren Zeitraum zu konzentrieren. Daher spielten die Vorleserinnen viel mit ihnen. Schwierig war es, den Vorlesenachmittag als feste Einrichtung zu installieren. Die Jungen und Mädchen hatten Mühe, sich an feste, wiederkehrende Termine zu gewöhnen, vor allem, da sie anfangs nicht so recht wussten, was sie erwarten würde.

Inzwischen sind rund zwei Jahre vergangen. Wie hat sich diese Situation verändert?

Die Vorlesenachmittage von Lesewelt haben sich als feste Einrichtung etabliert. Die Kinder erwarten den Termin sogar ungeduldig. Mein Eindruck ist, dass Vorlesen und Lesen mehr als zu Beginn im Vorder-

grund stehen. Leider haben wir im Ausleihraum – hier finden die Vorlesetreffen statt – mit einem relativ hohen Lärmpegel zu kämpfen. Aber wir sind ständig auf der Suche nach Lösungsmöglichkeiten.

Was hat sich für Sie als Leiterin der Bibliothek und für die anderen Mitarbeiterinnen verändert, seit Lesewelt im Haus ist?

Wir haben ein schönes, passendes, zusätzliches Angebot für unsere Bibliotheksbesucher. Das Angebot von Lesewelt empfinden wir als Bereicherung und Unterstützung unserer Arbeit, vor allem die Kontakte zu den Mädchen und Jungen nichtdeutscher Herkunft und zu den Kindern aus sozial benachteiligten Familien. Ich finde, die Beziehungen zwischen Vorleserinnen und Kindern haben sich intensiv und sehr positiv entwickelt. Es ist schön zu sehen, wie die manchmal schon älteren Damen sich auf die Kinder unterschiedlichster nationaler Herkunft einlassen können.

Die Arbeitsbereiche einer Leseinitiative

Der Stein ist jetzt ins Rollen gebracht. Die ersten Vorlesestunden laufen, und immer mehr interessierte Vorleserinnen und Vorleser sowie Kinder melden sich. Schnell zeigt sich, dass Vorlesen auch Organisation und Koordination erfordert. Das Ausmaß ist von der Größe des Vorleseprojektes abhängig.

Projektkoordination

Lesewelt in Berlin ist sehr schnell gewachsen. An einem bestimmten Punkt war es wichtig, die Organisation der Vorlesenachmittage von einer privaten Wohnung in ein öffentlich zugängliches Büro zu verlegen. Von nun an konnten die interessierten Vorleser und Journalisten in die Büroräume eingeladen werden. Es ist erstaunlich, wie schnell Verwaltungsaufgaben auf ein kleines Projekt zukommen. Faltblätter und Plakate müssen erstellt, die Statistik über die Vorlesenachmittage muss ausgewertet und Informationsmaterial verschickt werden. Gelder sind abzurechnen und Spendenquittungen auszustellen. Außerdem ist es notwendig, kontinuierlich an der Beschaffung von Mitteln zu arbeiten, was durchaus eines hohen Zeitaufwandes bedarf.

Die Projektkoordination schließt ebenfalls die Betreuung der Vorleser ein. Nach den Erfahrungen von Lesewelt sind in regelmäßigen Abständen stattfindende Gespräche zwischen der Projektleitung und den Vorleseteams notwendig, auf denen aktuelle Probleme und Fragen besprochen werden. Die Organisation von Fort- und Weiterbildungsangeboten für Vorleserinnen – zum Beispiel zu Themen wie Vorlesen oder Bücherauswahl – gehören zu den Arbeitsfeldern. Möglichkeiten zur Weiterbildung von freiwillig Engagierten bieten u. a. die Akademie für Ehrenamtlichkeit in Berlin oder die Stiftung Lesen.

Leseförderung ist nicht erst seit der Pisa-Studie ein wichtiges Aufgabenfeld. In Berlin wird Lesewelt häufig zu regionalen und überregionalen Veranstaltungen eingeladen, oder das Konzept wird in Schulen, Kindertagesstätten oder verschiedenen Bildungsarbeitsgruppen vorgestellt.

Öffentlichkeitsarbeit

Über Öffentlichkeitsarbeit, auch für gemeinnützige Vereine, gibt es umfangreiche Literatur. An dieser Stelle geht es in erster Linie darum, Erfahrungen des Berliner Vereins Lesewelt weiterzugeben.

Grundlage erfolgreicher Öffentlichkeitsarbeit ist eine klare Botschaft: Wir lesen vor! Das ist eine einfache und konkrete Aussage, mit der jeder etwas anfangen kann. Es war ein langer Weg, bis die Lesewelt-Mitarbeiterinnen sich auf diese kurze Aussage einigen konnten. Letztlich jedoch ordnen sich alle Ziele und auch das Leitbild von Lesewelt dieser Botschaft unter, d. h., Vorlesen ist der Dreh und Angelpunkt für alle Aktivitäten und Ziele des Vereins.

Bei Lesewelt liegt die Öffentlichkeitsarbeit hauptsächlich in den Händen der Projektleiterin. Unterstützt wird sie durch Honorarkräfte und freiwillige Mitarbeiterinnen, die sich u. a. um die Erstellung von Informationsmaterial kümmern. Im Idealfall finden sich Profis aus dem Medien- und PR-Geschäft, die auf freiwilliger Basis für die Leseinitiative tätig sind.

Wer soll erreicht werden, zu welchem Zweck und auf welchen Wegen? Diese Fragen stehen bei der Planung von Öffentlichkeitsarbeit im Vordergrund. Lesewelt geht es vor allem um zwei große Zielgruppen: Angesprochen werden sollen die unmittelbar an den Vorlesenachmittagen Beteiligten, also Kinder, Eltern, Vorleserinnen und Bibliothekarinnen, denn ohne sie gäbe es keine Vorlesenachmittage. Zum anderen dient Öffentlichkeitsarbeit dazu, Kommunikation mit Stiftungen oder anderen potenziellen Spendern und Förderern herzustellen, wie auch mit öffentlichen Einrichtungen und Geldgebern. Diese Beziehungen bereiten den Boden für die finanzielle Sicherung des Vereins und bieten Gelegenheit, Erfahrungen auszutauschen.

Anhand zweier Beispiele soll Öffentlichkeitsarbeit bei Lesewelt deutlicher gemacht werden:

Wenn das Kommunikationsziel heißt: **Voraussetzungen zur Durchführung der Vorlesenachmittage schaffen**, dann haben sich folgende Maßnahmen bewährt:

- Gespräche mit Bibliothekaren, Teilnahme an Zusammenkünften von Mitarbeitern der Berliner Bibliotheken
- Informationsveranstaltungen für Lehrer und Erzieher
- Informieren von Kindern durch direktes Ansprechen, über Schulen und Kitas, Mitteilungen in Bibliotheken, Plakate und Faltblätter
- Informationsabende für Eltern in Kitas und Schulen sowie Einladungen zu Vorlesenachmittagen

- die Zusammenarbeit mit anderen Einrichtungen und Vereinen bei vereinsübergreifenden Aktionen, z. B. »Tag der offenen Tür« in Bibliotheken
- Mitteilungen in der regionalen Presse, um freiwillige Vorleser zu finden und über die Vorlesenachmittage zu informieren.

Wenn das Kommunikationsziel lautet: **Sicherung der finanziellen und materiellen Existenz** von Lesewelt als Verein, dann sind diese Maßnahmen nützlich:

- die Verbreitung von Leitbild und Zielen des Vereins
- die Erhöhung des Bekanntheitsgrades aufgrund gezielter Kommunikation
- Mitteilungen in Presse und Rundfunk, auch überregional
- die Teilnahme an öffentlichen Veranstaltungen, Gesprächskreisen o. Ä.
- die Beteiligung an Wettbewerben von Stiftungen o. Ä.
- die Teilnahme an Weiterbildungen
- die Organisation von Events.

Fundraising

Bei der Organisation der vielfältigen Aktivitäten rund um die Vorlesenachmittage wird schnell deutlich, dass es ohne Geld nicht geht. Lesewelt wird zwar durch ein enormes freiwilliges Engagement getragen – das heißt aber nicht, dass kein Geld dafür aufgewendet werden muss.

Unter Fundraising ist das Beschaffen von Mitteln für gemeinwohlorientierte Zwecke zu verstehen. Der Gebende erhält, anders als beim Sponsoring, keine Gegenleistungen. Es geht um Spenden. Fundraising ist jedoch mehr als das Beschaffen von Geld. Wenn ein Unternehmen einer sozialen Organisation professionelle Beratung anbietet, ohne sich dafür bezahlen zu lassen, ist auch das eine Spende. Das Unternehmen spendet nämlich die Arbeitszeit einzelner Mitarbeiterinnen oder Mitarbeiter sowie ihr Know-how. Ebenso kann von einer Spende gesprochen werden, wenn Sachleistungen kostenlos zur Verfügung gestellt werden. Zum Beispiel haben in den letzten Jahren viele Firmen ihre zwar ausgemusterten, aber dennoch funktionsfähigen Computer an soziale Einrichtungen weitergegeben. Nicht zuletzt ist jede Minute freiwilligen Engagements eine Spende, denn die Freiwilligen stellen ihre Fähigkeiten und ihre Zeit zur Verfügung.

Fundraising-Quellen sind Stiftungen, Privatleute, Firmen und staatliche Institutionen. Um Mittel zu beschaffen, können sich Organisationen verschiedener Fundraising-Instrumente bedienen: Spendenbriefe (Mailings), Sammlungen, Events und Veranstaltungen, Internet, Tombolas, Bußgelder und Lotterien. Um z.B. an gerichtliche Bußgelder zu kommen, muss mit den Richtern zuständiger Strafgerichte Kontakt aufgenommen werden. Diese sind im Besitz einer Liste von gemeinnützigen Einrichtungen, denen sie Strafgelder zuweisen können. Bevor die entsprechenden Quellen und Instrumente genutzt werden, sollten sich die Mitglieder von Organisationen über die konkreten Fundraising-Ziele im Klaren sein. Auf dem heiß umkämpften Spendenmarkt kann nur die Organisation erfolgreich potenzielle Förderer überzeugen, die genau weiß, was sie will.

Fundraising können einzelne, gezielt durchgeführte Aktionen sein, zum Beispiel Events zu bestimmten Anlässen. Genauso wichtig jedoch sind der Aufbau und die Pflege langjähriger Beziehungen zu Spendern. Der Begriff Relationship-Fundraising bezeichnet die Grundeinstellung zu diesem Vorgehen: Es geht nicht darum, in kürzester Zeit viel Geld oder andere Spenden einzutreiben, sondern Förderer auf der Basis freundschaftlicher Beziehungen langjährig an die Organisation zu binden. Die Spender erhalten u.a. regelmäßig Informationen über die jeweilige Einrichtung, wissen, wofür ihre Spende verwendet wurde, und sind bei verschiedenen Veranstaltungen der Organisation geladene Gäste. Obwohl dies nur ein kleiner Abriss aus dem Fundraising-Bereich ist, wird deutlich, wie viel Aufwand an Zeit, menschlicher Energie und auch Geld für eine erfolgreiche Mittelbeschaffung erforderlich ist.

Fundraising bei Lesewelt

Der Start in Berlin erfolgte durch Überzeugungsarbeit. Die gezielte Verbreitung der Idee von Lesewelt verhalf der Initiatorin zu kostenlosen Vorleseräumen und freiwilligen Vorleserinnen. Nachdem Vorlesenachmittage in wenigstens zwei Berliner Bibliotheken fest integriert waren, begann Carmen Stürzel, Förderanträge bei verschiedenen Stiftungen zu stellen. Dabei wurden die Anträge nach unterschiedlichen Fundraising-Zielen ausgearbeitet: Personalkosten, Büroausstattung, Sachmittel. Letzteres beinhaltet u. a. Telefonkosten, Porto, Büromaterial, Kosten für Weiterbildungen, regelmäßiger Erfahrungsaustausch für Vorleserinnen und Aufwandsentschädigungen für freiwillig Engagierte. Nebenbei betrieben Mitglieder des Vereins und andere Beteiligte von Lesewelt gezielt Öffentlichkeitsarbeit, unterstützt vor allem durch die Körber-Stiftung. Starthilfe erhielt Lesewelt dann auch von der Stiftung Mitarbeit, die neue Initiativen durch kleinere Zuschüsse vor allem in der schwierigen Anfangsphase unterstützt. Diese Förderung war für Lesewelt von großer Bedeutung, denn mit diesen Mitteln konnten u. a. die Kosten für die Gründung und für Telefonate sowie Porto abgedeckt werden. Zum Ende des Jahres 2000 waren durch die Anschubfinanzierung verschiedener Stiftungen nicht nur eine Personalstelle, sondern auch die Ausstattung für ein Büro sowie notwendige Sachmittel für ein Jahr gesichert.

Die Förderer von Lesewelt:
- Körber-Stiftung, Hamburg
- Jugend- und Familienstiftung des Landes Berlin
- Stiftung Vivendi Universal, Berlin
- Robert Bosch Stiftung, Stuttgart
- Stiftung Mitarbeit, Bonn
- Kulturamt Berlin-Mitte

Als Folge der engen Zusammenarbeit mit Bibliotheken und durch die Etablierung von Vorlesenachmittagen in mehreren Bibliotheken bekam Lesewelt vom Kulturamt Berlin-Mitte kostenlos einen Büroraum in der Jerusalem-Jugendbibliothek zur Verfügung gestellt.

Die Erfahrungen von Lesewelt belegen, dass auf der Suche nach Fördermitteln durch Stiftungen gezielte Recherchen notwendig sind. Wenig Erfolg verspricht das wahllose Anschreiben von Stiftungen. Jede Stiftung verfolgt einen bestimmten Förderzweck, der telefonisch oder über das Internet erfragt werden kann. Um die richtige Stiftung zu finden, ist vielleicht der Stiftungsindex des Bundesverbandes Deutscher Stiftungen hilfreich (www.stiftungsindex.de). Viele Stiftungen begrüßen eine Kontaktaufnahme vor der Antragstellung, da sie mitunter einer Flut von Anträgen ausgesetzt sind, die nicht ihren Förderrichtlinien entsprechen. Man spart also nicht nur den Stiftungen Arbeit, sondern auch sich selbst.

Fundraising erfordert nicht nur das einmalige Ansprechen potenzieller Förderer, sondern verlangt den Aufbau einer intensiven Beziehung zu ihnen. Stiftungen erhalten regelmäßig Rückmeldungen, damit sie auf dem Stand der aktuellen Entwicklung des Vereins sind. Dadurch erfahren sie gleichzeitig, ob die von ihnen gewährte Förderung sinnvoll genutzt wird. Auch Einladungen zu Events bieten eine gute Gelegenheit, Förderer vom effektvollen Einsatz der bereitgestellten Mittel zu überzeugen. Danksagungen für gewährte Mittel sind selbstverständlich.

Freiwillige Vorleserinnen spenden ihre Zeit für Kinder. Es ist wichtig, dass der Verein Lesewelt ihr Engagement nicht nur nutzt, sondern sich auch dankbar erweist. Der jährlich organisierte Neujahrsempfang sorgt bei Lesewelt für das kulinarische Wohl und bietet zugleich einen Rahmen zum gegenseitigen Kennenlernen sowie zum Austausch von Erfahrungen. Freiwillige Vorleserinnen wollen nicht nur Zeitspender sein. Ihr Interesse gilt ebenso der Entwicklung von Lesewelt. Deshalb erhalten sie regelmäßig Informationen und bekommen Gelegenheit, sich selbst zu engagieren. Speziell für Vorleserinnen organisierte Weiterbildungen dienen der qualitativen Verbesserung ihrer Tätigkeit und sind zugleich Anerkennung ihres Engagements.

Um Lesewelt auf lange Sicht sichern zu können, müssen Fundraising-Ziele und -Planungen ständig überarbeitet werden. Da der Verein derzeit nicht durch öffentliche Mittel finanziert wird, heißt es, andere Wege zu gehen, nach lokalen Förderern Ausschau zu halten und sie von der Idee zu überzeugen.

Wahl der Organisations- und Rechtsform

Irgendwann stellt sich die Frage: Soll ein richtiger Verein gegründet werden, oder soll das Vorlesen in der unverbindlicheren Form einer Interessengemeinschaft stattfinden? Es gibt natürlich eine Reihe anderer Möglichkeiten eines Zusammenschlusses, wie zum Beispiel die GmbH, die Gesellschaft bürgerlichen Rechts oder die Aktiengesellschaft. Die Wahl der richtigen Organisations- und Rechtsform ist nicht einfach, aber auch nicht unlösbar. Hier werden zwei Möglichkeiten des Zusammenschlusses ausführlicher dargestellt: die Fortführung der Vorlesenachmittage als Vorleseinitiative bzw. Interessengemeinschaft und die Gründung eines rechtsfähigen Vereins.

Die Vorleseinitiative

Im Rahmen einer Vorleseinitiative bzw. einer Interessengemeinschaft finden sich Menschen zusammen, die zumindest ein gemeinsames Interesse haben: Sie wollen Kindern vorlesen. Diese Form des Zusammenschlusses ist eine der unverbindlichsten, da die Mitglieder weder Rechte noch Pflichten besitzen. Es spielt keine Rolle, ob sich zwei, vier oder mehr Interessenten zusammentun. Berücksichtigt werden sollte jedoch, dass Initiatoren und andere Vorlesende ohne rechtliche Absicherung persönlich für Schäden haftbar gemacht werden können.

Als Vorleseinitiative bzw. Interessengemeinschaft besteht die Möglichkeit, sich unter die Obhut eines größeren Trägers zu begeben. Damit ist eine gemeinnützige Einrichtung bzw. Organisation gemeint, die eventuell schon für verschiedene Projekte im Ort oder der Umgebung verantwortlich ist. Dabei sind verschiedene Aspekte zu berücksichtigen. Die Abhängigkeit von der Trägerschaft einer gemeinnützigen Einrichtung kann die Entfaltungsmöglichkeit der Initiative bzw. Interessengemeinschaft wesentlich einschränken. Die Ziele und Aktivitäten müssen auf den Träger abgestimmt sein, und auch die Öffentlichkeitsarbeit erfolgt hauptsächlich in dessen Namen. Jegliches Handeln unterliegt in diesem Fall der Kontrolle des Trägers, schließlich steht er mit seinem Namen ein.

Es ist schwieriger, als nichteingetragener Verein finanzielle Mittel oder anderweitige Unterstützung zu akquirieren. Doch zumindest für den Start wäre der Zusammenschluss in Form einer Vorleseinitiative eine passable Alternative zur Gründung eines eigenen Vereins. Denn es gibt auch Vorteile. Zum einen kann eine Initiative die vorhandene Infrastruktur und den Bekanntheitsgrad des Trägers nutzen, zum anderen eventuell aus dem finanziellen Pool der Einrichtung schöpfen. Im Folgenden sind die entscheidenden Aspekte noch einmal kurz zusammengefasst.

Eine Vorleseinitiative in Trägerschaft einer gemeinnützigen Einrichtung

- befindet sich in Abhängigkeit vom Träger.
- ist eventuell in ihren Entfaltungsmöglichkeiten durch den Träger eingeschränkt.
- untersteht der Kontrolle des Trägers.
- muss Ziele und Aktivitäten auf den Träger abstimmen.
- kann keine eigenständige Öffentlichkeitsarbeit führen.
- hat die Möglichkeit, vorhandene Infrastrukturen und den Bekanntheitsgrades des Trägers zu nutzen.

Erscheinen eine Initiative bzw. Interessengemeinschaft zu unverbindlich bzw. eine Abhängigkeit von einem Träger ungünstig, gibt es die Möglichkeit, einen Verein zu gründen. Ausschlaggebend für die Gründung des gemeinnützigen Vereins Lesewelt war die Frage nach finanziellen Mitteln. Ohne die Unterstützung verschiedener Stiftungen hätte sich Lesewelt nicht so rasant entwickeln können.

Der eingetragene Verein

Ob ein Verein wirklich die richtige Organisationsform ist, kann anhand bestimmter Merkmale geprüft werden. Im »Organisationshandbuch für die Vereinsführung«[1] sind Kriterien zusammengestellt, die einen Verein wesentlich ausmachen und bei dessen Gründung berücksichtigt werden müssen:

Merkmale eines Vereins:

- ist auf Dauer angelegt
- Beteiligung von mindestens drei erwachsenen Personen erforderlich
- Verfolgung eines gemeinsamen Zwecks
- Führung eines Gesamtnamens
- wechselnder Mitgliederbestand
- besitzt eine Satzung als Grundlage der Zusammenarbeit
- ist in Form eines Vorstandes und einer Mitgliederversammlung körperschaftlich organisiert

Auf jemanden, der sich noch nie mit Vereinen beschäftigt hat, mögen diese Begriffe und Erfordernisse eine abschreckende Wirkung haben. Die Gründung eines Vereins erfordert tatsächlich ein nicht geringes Maß an Engagement und Zeit. Auch die Gründerinnen von Lesewelt sind keine Vereinsexperten und mussten sich das erforderliche Wissen Schritt für Schritt aneignen. Umso größer ist die Freude, wenn die geleistete Arbeit erfolgreich ist. Letztendlich bestätigt sich hier die alte Weisheit, dass der Mensch mit seinen Aufgaben wächst.

Ist die Entscheidung für die Gründung eines Vereins gefallen, gibt es die Wahl zwischen einem wirtschaftlichen Verein und einem ideellen Verein. Was sind die Unterschiede?

Beim wirtschaftlichen Verein ist der Zweck auf einen wirtschaftlichen Geschäftsbetrieb gerichtet. Das trifft zum Beispiel zu, wenn er seine Leistungen bzw. Waren unter Marktbedingungen gegen Bezahlung anbietet. Sind die Angestellten zugleich Vertreter der Organe oder Mitglieder des

Vereins und beziehen sie überhöhte Gehälter, dann ist der Betrieb auf Gewinnabschöpfung gerichtet und verfolgt keine ideellen Ziele.

Beim Idealverein werden ausschließlich ideelle Zwecke verfolgt. Da Lesewelt keine wirtschaftlichen, sondern ideelle Ziele verfolgt, ist hier von der Gründung eines Idealvereins auszugehen. Ist eine Entscheidung zwischen den Vereinstypen getroffen, muss überlegt werden, ob der Verein Rechtsfähigkeit erwerben soll oder nicht. Was heißt das? Es besteht die Wahl zwischen einem nichtrechtsfähigen oder einem rechtsfähigen (eingetragenen) Verein. Der Hauptunterschied besteht vor allem darin, dass die Mitglieder beim nichtrechtsfähigen Verein teilweise persönlich haftbar sind. Da der nichtrechtsfähige Verein weitestgehend keine eigene Rechtspersönlichkeit ist, besteht nur passive Prozessfähigkeit, d. h., der Verein kann nicht selbst als Kläger auftreten. Unabhängig davon können der nichtrechtsfähige wie auch der rechtsfähige, also eingetragene, Verein in den Genuss steuerlicher Vergünstigungen gelangen, wenn sie gemeinnützige, mildtätige oder kirchliche Zwecke verfolgen.

Welche Vor- und Nachteile ergeben sich aus der Entscheidung für einen eingetragenen Verein? Hier eine Auswahl:

Vorteile
- Der Verein wird in das Vereinsregister eingetragen.
- Da Vereinsbeschlüsse in die Satzung aufgenommen werden, sind sie für alle Mitglieder verbindlich.
- Die Kontrolle durch eine Verwaltungsbehörde bedeutet auch Sicherheit für Vorstand und Geschäftsführung.
- Durch die Rechtsfähigkeit wird ein Verein prozessfähig und kann im notwendigen Fall vor einem Zivilgericht klagen.

Nachteile
- Die Eintragung ins Vereinsregister ist kostenpflichtig.
- Änderungen in der Vereinssatzung sind erst nach der Eintragung in das Vereinsregister wirksam.
- Jede Vorstandsänderung ist beim Notar beglaubigen zu lassen und kostenpflichtig.

- Die Auflösung des Vereins muss beim Amtsgericht angezeigt werden.

Die Nachteile der Rechtsform des eingetragenen Vereins beziehen sich also vor allem auf den mitunter erheblich höheren Zeitaufwand, aber auch auf eine ganze Reihe erforderlicher Kosten. Dennoch entschieden sich die Gründungsmitglieder von Lesewelt für die rechtsfähige Form, da ein eingetragener Verein nicht nur eine höhere Sicherheit für die verschiedenen Organe bietet, sondern auch

- Beständigkeit und
- Kontinuität sowie
- Verbindlichkeit vermittelt.

Rechtsquellen für eine Vereinsgründung sind § 21 und §§ 55–79 im Bürgerlichen Gesetzbuch (BGB).

Versicherungsschutz

Auch Vereine müssen Versicherungen abschließen. Zwei der wichtigsten Versicherungen sind die Vereinshaftpflichtversicherung und die gesetzliche Unfallversicherung durch die Berufsgenossenschaft. Weitere Versicherungen, die für den Verein notwendig sind, hängen vor allem von den Aktivitäten ab. Im Folgenden werden die Vereinshaftpflicht- und die Unfallversicherung kurz vorgestellt.

Die Vereinshaftpflichtversicherung

»Vereine haften gegenüber im Verein tätigen Personen für Sachschäden, Betriebsfremden gegenüber für Personen- und Sachschäden und Dritten gegenüber für Schäden, die durch Verrichtungsgehilfen verursacht werden.«[2] Die Vereinshaftpflichtversicherung deckt hier Schadensersatzansprüche, die durch Dritte gegenüber dem Verein geltend gemacht werden. Im oben erwähnten Organisationshandbuch wird empfohlen, dass die Deckungssumme für Personen mindestens eine Million Euro betragen sollte und für Sachschäden eine halbe Million Euro.

Es gibt verschiedene Versicherungsgesellschaften, die entsprechende Policen für Vereine anbieten. Hier muss der Vereinsvorstand die Bedürfnisse des jeweiligen Vereins berücksichtigen und die Konditionen und die Angebote am Markt vergleichen und entscheiden.

Die gesetzliche Unfallversicherung durch die Berufsgenossenschaft
Die gesetzliche Unfallversicherung ist Teil des Sozialversicherungssystems der Bundesrepublik Deutschland. Eine Woche nach der Gründung eines Vereins muss diese bei der zuständigen Berufsgenossenschaft angemeldet werden, auch wenn keine Versicherten beim Verein beschäftigt sind. So schreibt es der Gesetzgeber vor. Leistungen der Berufsgenossenschaft können beansprucht werden, wenn eine versicherte Person infolge einer versicherten Tätigkeit einen Unfall oder eine Berufskrankheit erleidet, der oder die zu einem Körperschaden, zu einem Gesundheitsschaden oder zum Tod führt. Versicherte Personen sind alle Beschäftigten und in bestimmten Fällen auch freiwillig Tätige. Beschäftigt heißt, diese Personen stehen gegenüber dem Verein in einem Dienst-, Arbeits- oder Ausbildungsverhältnis. Gesetzliche Grundlage ist § 2 Abs.1 Nr.1 SGB VII.

Die gesetzliche Unfallversicherung bezieht auch die freiwillig tätigen Vorleserinnen und Vorleser ein. Erleidet ein freiwillig Engagierter bei seiner freiwilligen Tätigkeit einen Unfall, bei dem er verletzt wird, ist er gegebenenfalls durch die Berufsgenossenschaft abgesichert. Aber nur in dem Fall, dass der Träger oder die Initiative bei der Berufsgenossenschaft gemeldet ist.

Für freiwillige Tätigkeiten in Wohlfahrtsverbänden, Kirchen, Sportverbänden o. Ä. gibt es die Berufsgenossenschaft für Gesundheitsdienst und Wohlfahrtspflege. Dort kann man sich auch umfassend zum Thema informieren.

»Die Gesellschaft ein bisschen gerechter machen«

Das amerikanische Vorbild von Lesewelt, die Organisation Beginning with Books in Pittsburgh, Pennsylvania (s. a. S. 166 f.), hat selbst eine ähnliche Entwicklung genommen: von einer privaten Initiative seiner Gründerinnen hin zu einem anerkannten Programm für die Leseförderung. Carmen Stürzel hat Dr. Elizabeth Segel, eine der beiden Initiatorinnen, zu ihren Erfahrungen befragt.

Aus welchem Anlass wurde Beginning with Books ursprünglich ins Leben gerufen? Wie sind Sie auf die Idee dazu gekommen?

Dr. Joan Friedberg und ich unterrichteten in den frühen achtziger Jahren Kinderliteratur an der Universität von Chicago. Uns sind dabei verschiedene Studien begegnet, die zeigen konnten, dass der beste Weg, Kinder zu erfolgreichen Lesern zu erziehen, darin bestand, ihnen schon von früher Kindheit an vorzulesen. Wir hielten Vorträge vor Elterngruppen, um sie zu ermuntern, ihren Kindern täglich vorzulesen – aber wir merkten bald, dass nur solche Eltern kamen, die das bereits taten. Wir stellten fest, dass Kinder aus Familien mit geringem Einkommen sehr viel häufiger Leseschwierigkeiten hatten und dass ihnen seltener von ihren Eltern vorgelesen wurde. Wir wussten ja, dass fast alle Eltern das Beste für ihre Kinder wollen, und erklärten uns das Versagen mancher Eltern beim Vorlesen so:

- *Diese Eltern wussten einfach nicht, dass sie durch Vorlesen ihre Kinder fördern könnten.*
- *Diese Eltern konnten sich keine Kinderbücher leisten.*
- *Diese Eltern fühlten sich selbst unsicher beim Lesen.*

So haben wir ein Projekt entwickelt, um diesen Missständen abzuhelfen: Sozial schwache Eltern erhielten eine kleine Sammlung hervorragender Kinderbücher und zusätzlich mündliche und schriftliche Informationen über die Bedeutung und die positiven Folgen des Vorlesens für ihre

Kinder. Die Eltern wurden auch ermuntert, die öffentlichen Büchereien zu besuchen.

Dann schrieben wir eine ganze Reihe von Anträgen an Stiftungen und an das Humanity Council unseres Bundesstaates und erhielten tatsächlich genug Mittel, um eintausend Familien aus armen Stadtteilen versorgen zu können. Eine Befragung zu Beginn der Aktion, eine zweite sechs Monate später zeigten beeindruckende Ergebnisse, was uns half, das Programm fortzusetzen und auf andere Familien auszuweiten. Wir haben danach noch drei weitere Programme entwickelt. Unsere ganze Arbeit zielt darauf, dass Kinder aus sozial schwachen Familien frühe Erfahrungen machen, die für die Entwicklung ihrer Lesefähigkeit eine gute Basis abgeben. Unsere Arbeit gründet sich auf Respekt für die Eltern und die Lehrer der Kinder. Außerdem versuchen wir, die Familien mit den Ressourcen der öffentlichen Bibliotheken zu verknüpfen.

Wer hat Sie zu Beginn unterstützt, als das Projekt noch nicht so etabliert war?

Das Gesundheitsamt des Bezirks hat uns während der ersten beiden Jahre bei Verwaltungsaufgaben unterstützt. Dann wurde die öffentliche Bibliothek unser Hauptförderer. Wir haben dann einen Beirat aus interessierten Bürgern gegründet, die unsere Arbeit mit ihrer Zeit, ihren Fähigkeiten und finanziellen Mitteln unterstützten. Die Mitarbeiter örtlicher Stiftungen interessierten sich für unser Projekt und waren sehr angetan von den Ergebnissen. Auch sie haben uns mit Rat und Tat unterstützt.

Was sind aus Ihrer Sicht die größten Erfolge des Projekts, wenn Sie jetzt zurückblicken?

Unsere Organisation und ihre vier Programme finden sich inzwischen in den Empfehlungslisten wichtiger staatlicher Einrichtungen wie zum Beispiel dem Beirat der Vereinigten Staaten für Jugendbücher, der

Vereinigung der öffentlichen Bibliotheken oder dem Nationalen Forschungsrat für die Prävention von Leseschwierigkeiten. Im letzten Jahr haben wir im westlichen Pennsylvania mehr als 20.000 Familien direkt mit unseren Programmen erreicht, und wir haben sehr viele Multiplikatoren, wie Bibliotheksmitarbeiter, Lehrer oder Sozialarbeiter, dafür geschult, dass sie unsere forschungsorientierten Programme durchführen.

Aber was wir wirklich erreicht haben, kann am besten an individuellen Erfolgen gemessen werden, wie zum Beispiel dem von James, dessen Familie obdachlos war, als sie in das Programm »Read Together« eingestiegen ist. Seine allein erziehende Mutter hat es damals trotzdem geschafft, mit ihren vier Kindern jede Woche zu den Read-Together-Sitzungen in die Bibliothek zu kommen. Heute haben James und seine drei Geschwister höhere Schulen absolviert und können das College besuchen.

Wie wird Beginning with Books in der Zukunft aussehen? Was sind die Aussichten für eine Einrichtung wie die Ihre?

Beginning with Books ist in unserem Umfeld führend darin, Kinder zu kompetenten Lesern zu machen. Wir haben ein neues Zentrum für frühe Leseförderung eingerichtet, das Fortbildung und Material für Einrichtungen anbietet, die unsere Programme übernehmen wollen. Vielleicht möchte ja auch jemand von Lesewelt kommen und sich bei uns schulen lassen!

Beginning with Books hat eine neue Geschäftsführerin, Kathleen Likeness, die eine große Erfahrung im Aufbau von Organisationen und Kooperationen mitbringt. Wir beiden Gründerinnen haben uns nun zurückgezogen, arbeiten aber noch im Beirat mit und tauschen uns mit den Mitarbeitern auch regelmäßig über Kinderbücher und Leseförderung aus.

Die größte Herausforderung ist natürlich die finanzielle Stabilität, vor allem angesichts der schlechten ökonomischen Lage, aber unsere Unterstützer in den Stiftungen und Unternehmen sehen auch immer die Vorteile einer Vorbeugung von Leseschwierigkeiten. Wir haben außerdem eine starke Gruppe individueller Unterstützer. Beginning with Books entwickelt außerdem allmählich auch eigene Einnahmeströme, um die Unterstützung von außen zu ergänzen.

Lesewelt wurde nach dem Vorbild von Beginning with Books geschaffen. Was möchten Sie den Engagierten bei Lesewelt mit auf den Weg geben?

Ich bin sicher, Sie haben schon selbst entdeckt, dass sich diese Arbeit lohnt. Kindern die Möglichkeiten zu verschaffen, an dieser Gesellschaft teilzuhaben, sich selbst ausdrücken zu können und der Welt der Lesenden und Schreibenden anzugehören, das ist so wichtig wie befriedigend. Unsere Arbeit ist ein sehr wirksamer Beitrag dazu, die Gesellschaft ein bisschen gerechter zu machen und verletzlichen Kindern eine bessere Zukunft zu garantieren. Lesewelt hat bereits so viel Fortschritte gemacht und so viel Unterstützung gefunden, dass ich sicher bin, dass Ihre Arbeit auch in Zukunft von großem Erfolg begleitet sein wird. Die Kolleginnen und Kollegen von Beginning with Books wünschen weiterhin gutes Gelingen!

---

1 Geckle, Gerhard: Der Verein. Das Organisationshandbuch für die Vereinsführung. Planegg/München 2001. Gruppe 6.1.1., S. 3

2 Ebenda

Lies mir vor – gleich!
Ein Blick auf amerikanische und englische Erfahrungen

Von Christine Brinck

»Wenn wir unsere Eltern dazu bewegen könnten, ihren Vorschulkindern täglich fünfzehn Minuten vorzulesen, könnten wir die Schulen revolutionieren.«

Ruth Love

Die kleinen Sprachkünstler

Kleine Kinder sind klug, viel klüger, als wir es noch vor zehn oder zwanzig Jahren für möglich hielten. So können alle normalen einmonatigen Babys die Laute sämtlicher Sprachen der Welt erkennen, ob Deutsch, Chinesisch oder Finn-Ugrisch. Mit neun Monaten verliert sich diese Fähigkeit, da beginnen sich die Babys auf die Muttersprache zu konzentrieren. Mit zwei Jahren, in einem Alter, in dem sie sich noch längst nicht die Schuhe zubinden können, unterscheiden sie bereits ganz klar einen grammatischen von einem ungrammatischen Satz.

Zumindest in der Wissenschaft wird zunehmend akzeptiert, dass schon sehr kleine Kinder große Forscher sind, feine Beobachter, Zuhörer, Nachahmer und Denker. Lange bevor die Kleinen wirklich sprechen, geschweige denn schreiben oder lesen können, beginnt freilich längst ihre sprachliche Grundbildung, die auf Englisch so trefflich *literacy* heißt. Die hat vor allem mit Interaktion zu tun und dem Spaß, den Babys als Unterhalter ihrer Umwelt haben. Sie spritzen die Mutter oder den Vater nass und lachen sich kaputt über das verdutzte Gesicht des Getroffenen.

Vor dem Fernseher entwickeln sie diese Talente nicht. Sie brauchen zur Entwicklung ihrer Fähigkeiten die Kommunikation mit einem ihnen zugetanen Menschen. Je mehr der mit ihnen plaudert und spielt, desto mehr blühen sie auf. So haben nach einer Studie der University of Chicago 20 Monate alte Kinder von redseligen Müttern 131 Wörter mehr in ihrem Wortschatz als Kinder von eher maulfaulen Müttern. Im Alter von zwei Jahren hat sich diese Kluft bereits auf 295 Wörter ausgedehnt. »Die Entwicklung der sprachlichen Grundbildung«, so die englische Forscherin Marian Whitehead, »muss abhängig sein von der Entwicklung einer Basis gemeinsamer Bedeutungsinhalte und Kommunikation mit anderen, und zwar noch bevor Wörter und Schreiben eine Rolle spielen«.

Eine der Tätigkeiten, die die sprachliche Grundbildung der kleinen Leute befördert, ist das gemeinsame Betrachten und Vorlesen von Bilderbüchern. Diese Tätigkeit, die ein inniges Band zwischen dem Vorleser (meist ein Elternteil) und dem Kind schafft, ist nicht zu verwechseln mit dem Versuch, dem Kind das Lesen beizubringen. Es gibt über die Kultur des Vorlesens viele gelehrte Bücher, die den positiven Effekt gemeinsamen Erlebens beim Vorlesen hervorheben und die die Fähigkeit von Kleinkindern betonen, Gedrucktes zu erkennen und den Bildern Bedeutung zu unterlegen.

Kindern welchen Alters auch immer vorzulesen, heißt, ihre schlafende Phantasie und ihre Sprachkünste zu wecken oder in späteren Jahren vor dem Verfall zu retten. »Wenn wir unsere Eltern dazu bewegen könnten, ihren Vorschulkindern täglich nur 15 Minuten vorzulesen, könnten wir die Schulen revolutionieren«, notierte vor einigen Jahren Ruth Love, Leiterin der Schulbehörde von Chicago.

Das war auch einmal ganz anders in Amerika. John Adams notierte 1765, dass im puritanischen Neu-England »ein Amerikaner, der nicht lesen oder schreiben kann, eine so seltene Erscheinung sei wie ein Komet oder ein Erbeben«. Grund für derlei sprachliche Kompetenz der kolonialen Vorväter war die tägliche Bibellesung – von der Wiege bis zur Bahre. Lange vorbei sind diese Zeiten, nicht nur in Amerika. Das zeigen die Untersuchungen der Stiftung Lesen oder der OECD-Studie Literacy, Economy and Society von 1995, wonach 14 Prozent der Deutschen nur über die allerschlichteste Lesefähigkeit verfügen. Bestätigt und übertroffen werden diese Befunde von den neuesten Ergebnissen aus der Pisa-Studie, nach der 23 Prozent aller 15-Jährigen in Deutschland nur auf niedrigstem Niveau oder gar darunter lesen.

»Wie sollen wir ohne Bild wissen, wie die Leute in der Geschichte aussehen?«

Was ist zwischen null und fünfzehn mit den kleinen Schlaubergern passiert, dass sie am Sprachlichen, am Lautlichen so jede Lust verloren haben, dass sie in schrecklicher Spracharmut verharren? Man hat ihnen nicht vorgelesen, mit ihnen keine Bücher angeschaut, weder zu Hause noch im Kindergarten. Man hat mit ihnen nicht gesungen oder gereimt, sich nicht von ihnen erzählen lassen oder ihnen erzählt.

Der amerikanische Autor und Vorlesespezialist Jim Trelease berichtet in seinem Buch »The Read-Aloud Handbook« von einer Lehrerin, die am ersten Schultag ihrer neuen sechsten Klasse aus einem Roman vorlas. Die Kinder hörten aufmerksam zu, doch als sie die erste Seite umblättern wollte, hob ein Schüler die Hand und mahnte: »Sie haben vergessen, uns das Bild zu zeigen.« – »Hab ich nicht, dieses Buch hat keine Bilder.« – »Wie sollen wir dann wissen, wie die Leute in der Geschichte aussehen?«, fragte darauf verunsichert derselbe Schüler. Dieser Junge offenbarte mit seiner Frage ein Problem, das viele Kinder mit ihm teilen: Er hatte nie richtig lesen gelernt. Mit dem Vorlesen versuchte seine Lehrerin, seine verschüttete Phantasie zu wecken und die verfallene Sprachkompetenz wieder aufzubauen.

Ein Forschungsprojekt mit dem Namen »Bookstart«, das in der englischen Stadt Birmingham durchgeführt und über Jahre hinweg ausgewertet wurde, zeigte erstaunliche Ergebnisse. Die Eltern von zufällig in Kliniken und bei Kinderärzten ausgewählten neun Monate alten Säuglingen – Kindern aus allen Schichten – erhielten zu Beginn des Projekts ein Paket mit Bilderbuch, Poster und Kinderreimen sowie Anweisungen, wie man selbst mit kleinsten Kindern die öffentlichen Büchereien nutzen kann.

In regelmäßigen Abständen wurde die Steigerung des sprachlichen Interesses der Babys und die Begeisterung der gesamten Familie für Bücher wie Bibliotheken erfasst. Der Enthusiasmus der Kinder wuchs und wuchs und ließ auch nach der Einschulung mit vier oder fünf Jahren nicht nach.

Im Gegenteil: Die frühe Begegnung mit Büchern zahlte sich nicht nur unmittelbar im Spracherwerb aus, sondern zeigte langfristig Wirkung auf das Erlernen des Lesens wie insbesondere auch auf das mathematische und naturwissenschaftliche Denken. Das unterstreicht die wichtige Rolle der Eltern (oder anderer Bezugspersonen) im Bildungsprozess ihrer Kinder, es belegt aber auch die Pisa-Diagnose, dass mangelnde Lesekompetenz ihre Fortsetzung in schlechten mathematischen und naturwissenschaftlichen Leistungen findet.

Kinder brauchen Vorbilder mit Leidenschaft für Bücher

Das Projekt »Bookstart« ist ein billiger Weg, einen guten Start in die Schule zu ermöglichen und, wie die Forscher anno 2000 feststellten, die Fortschritte über die Grundschuljahre hinweg zu festigen. Kinder entwickeln sich selten von allein zu Leseratten und Buchliebhabern. Sie brauchen Beispiele und Modelle, die ihnen vorführen, wie leidenschaftlich man sich mit Büchern, Texten und Bildern beschäftigen kann. Sie brauchen Menschen, die begriffen haben, dass es Lieblingsbücher gibt, die wieder und wieder vorgelesen werden müssen, dass Abbildungen und Inhalte oft diskutiert werden wollen.

Wo vorgelesen wird, wird die Atmosphäre deutlich verbessert, ob zu Hause, in der Klasse oder im Kindergarten. Vor allem aber wird die Einstellung zum Lesen und zum Buch verbessert. Der Absturz ins Nichtlesen korreliert fast immer mit steigendem Fernsehkonsum und mit nicht lesenden beziehungsweise nicht vorlesenden Eltern und Lehrern. Auch heute noch wird man Klassen antreffen, in denen fast alle Kinder leidenschaftlich gerne lesen, und immer ist dafür die Einstellung des Lehrers oder der Lehrerin ausschlaggebend. Wenn er oder sie Bücher liebt, vorliest und über Bücher diskutiert, werden auch die Kinder fürs Lesen gewonnen.

Damit kann man gar nicht früh genug anfangen, wie die Studie aus Birmingham zeigt. Wichtig ist freilich, die richtigen Bücher für das jeweilige Alter zu wählen. Sehr kleine Kinder können beispielsweise komplizierte

Zeichnungen gar nicht erkennen. Bis zum zweiten Schuljahr sind Kinder von dicken Büchern eher eingeschüchtert, und Texte mit langen oder gar langweiligen, beschreibenden Passagen sollten vermieden werden, bis Phantasie und Aufmerksamkeit des Kindes mit derlei zurechtkommen. Der Weg geht vom Bilderbuch zu den Geschichten und Erzählungen und erst dann zum Roman. Sehr kleinen Kindern machen vor allem Reime und Töne großen Spaß. Zungenbrecher, Spaßreime, Abzählverse, Schlaflieder und allerlei Wortspiele sind dafür Beispiele.

Oxforder Experimentalpsychologen haben sogar bei Drei- bis Vierjährigen einen Zusammenhang zwischen einer Sensibilität für Endreime und Alliteration und frühem Lesenlernen gefunden. »Es scheint ganz so«, meint Marian Whitehead, »dass Kinder, die über gute Fähigkeiten zum Reimen verfügen, sehr früh in der Lage sind, Strategien für ihre Lese- und Ausdrucksfähigkeit zu entfalten.« Darum sind gerade in den ersten Jahren Bücher mit Kinderreimen neben den wortlosen Kinderbüchern die passendsten Vorlesebücher.

Es ist wichtig, dass das Vorlesen nicht als ein Instrument zum Erlernen des Lesens missverstanden wird. Vorlesen soll dem Kind beibringen, lesen zu wollen, heute auf Mutters oder Großvaters Schoß, eines Tages allein. Darum ist auch eine gewisse Routine und Regelmäßigkeit im Vorlesen wichtig. Die besten Zeiten sind vor dem Mittagsschlaf oder beim abendlichen Zubettgehen. Manche Kinder lieben auch die Viertelstunden vor der Schule, um den Tag besser zu beginnen.

Bücher, die sich als langweilig entpuppen, soll man tunlichst und schnell entsorgen. Lesen ist ein Abenteuer und keine langweilige Pflichterfüllung. Vor allem soll der Vorleser Zeit mitbringen und dem Kind nicht Eile signalisieren. Ganz kleine Kinder stellen oft beim Vorlesen eine Menge Fragen, die müssen auch geduldig beantwortet werden. Nervöse Kinder hören besser zu, wenn ihre Hände – etwa mit Stiften und Papier – beschäftigt sind.

Die Woche wurde erträglich, weil am Samstag die Vorleserin kam

Wie und warum stärkt regelmäßiges Vorlesen das Lesen, Schreiben und Sprechen von Kindern? Nachahmung ist die erste Lernmethode von Kindern. Sie imitieren, was sie sehen und hören. Je mehr man mit dem Kind spricht, scherzt und liest, desto mehr kann es imitieren. Das Kind, das vor dem Fernseher sitzt, ahmt die Werbeblöcke nach. »Nichts ist unmöglich – Toyota« wird dann schneller reproduziert als »eene, meene, muh«. Das heißt für die Eltern, Erzieher oder Lehrer: Verkauft das Lesen wie Cornflakes, Jogurt oder Gummibärchen – früh und spannend. Jim Trelease schrieb vor vielen Jahren: »Wenn eine viereckige Kiste in Ihrem Wohnzimmer Ihr Kind für Schokoflocken gewinnen kann, dann müssten Sie eigentlich zehn Mal so viel schaffen – denn Sie sind sensibel, liebevoll und ein zugewandter Mensch.« Der Fernseher, der ein Kind umarmen kann, ist noch nicht erfunden.

Alles, was die Eltern und später die Erzieher brauchen, sind ein wenig Zeit, Regelmäßigkeit und interessante Bücher, die die Kleinen und Kleinsten amüsieren, fesseln und ihre Phantasie beflügeln. Je öfter man ihnen vorliest, desto länger können die Geschichten werden, weil ihre Aufmerksamkeit mit der Begeisterung und der Gewöhnung wächst.

In »The Uses of Enchantment« schreibt Bruno Bettelheim, dass es zwei Faktoren gibt, die einem Kind den Glauben vermitteln, dass es einen wichtigen Beitrag zum Leben beisteuern kann: die Eltern beziehungsweise Lehrer und die Literatur. Kinder, mit denen die Erwachsenen nicht richtig reden, werden nie lernen, ordentlich zu sprechen. Kinder, deren Fragen nicht beantwortet werden, werden aufhören, Fragen zu stellen. Und Kinder, denen nicht vorgelesen wird und denen keiner Geschichten erzählt, werden kaum einen Grund haben, das Lesen lernen zu wollen.

Roald Dahl, der große Zauberer der Kinderliteratur, beschreibt in seinem Essay »Lucky Break« seinen eigenen Weg zum Buch. Dahl hasste die Schule. Seine Lehrer bescheinigten ihm einen »Mangel an Ideen« und hielten ihn für »unfähig«. Eines Samstags, die Internatslehrer waren in der lokalen Kneipe verschwunden, kam eine Frau aus der Nachbarschaft, um die Jungen für zwei Stunden zu beaufsichtigen. Diese Frau war kein Babysitter, sondern eine wunderbare Vorleserin mit großer Liebe zu Büchern. Sie erschloss den Kindern das Universum der englischen Literatur. Die Schulwoche wurde erträglich, weil am Samstag die Vorleserin kam. Sie entzündete Dahls Phantasie, ein Jahr später hatte er sich zum unersättlichen Leser entwickelt – aus dem ein Schreiber werden sollte, der einige der besten Vorlesebücher der Welt geschrieben hat.

Wie viele Kinder haben diese Erweckung ihrer Phantasie nie erfahren, weil keine Vorleserin ihren Verstand und ihr Herz berührte. Der kleine Junge, das kleine Mädchen, die immer so abwesend scheinen, aus dem Fenster starren, ihre Arbeiten nicht rechtzeitig abliefern, nicht zuhören: Sie warten vielleicht nur darauf, dass jemand ihnen vorliest. Auch in zeitarmen Zeiten wie den unseren sollten Eltern und Lehrer die Kinder nicht länger warten lassen. Lest ihnen vor – gleich!

Literatur

Bruno Bettelheim: The Uses of Enchantment. New York 1976

Roald Dahl: The wonderful Story of Henry Sugar. New York 1977

Jim Trelease: The Read-Aloud Handbook. New York 1983

Barrie Wade/Maggie Moore: Bookstart in Birmingham. London 1993

Marian Whitehead: Supporting Language and Literacy Development in the Early Years. Buckingham 1999

Marian Whitehead: Die Unterstützung sprachlicher Grundbildung (literacy) in der frühen Kindheit. (bisher unveröffentlichter Aufsatz, übersetzt von Arndt Ladwig, fachliche Bearbeitung Pamela Oberhuemer). München 2002

Neue Welt der Bücher
Leseinitiativen aus den USA und andere »usable ideas«

Von Karin Haist

»Es ist besser, eine Kerze anzuzünden, als die Dunkelheit zu verfluchen.«

Motto von »Reading is Fundamental«, 1966 gegründetes amerikanisches Leseförderprojekt für Kinder

Ein Forum für nützliche Ideen

Kinder, die ohne Bücher aufwachsen, Bibliotheken, die sich neue Besucher wünschen, und engagierte Menschen, die mit Begeisterung anderen vorlesen – diese drei Gruppen zu gegenseitigem Gewinn miteinander zu vernetzen, das ist die Grundidee der Berliner Initiative Lesewelt e.V. Das Konzept ist so einfach wie einleuchtend und wird von Lesewelt überzeugend verfolgt. Aber die Idee zum Projekt ist nicht in Berlin entstanden. Lesewelt hat vielmehr ein ebenso erfolgreiches amerikanisches Vorbild: das Programm Read Together der Organisation Beginning with Books in Pittsburgh, Pennsylvania.

Carmen Stürzel, die Initiatorin von Lesewelt, hat Beginning with Books bei einem USA-Aufenthalt persönlich kennen gelernt. Die Sozialarbeiterin war überzeugt: Dieses innovative Projekt lässt sich sinnvoll auch in die deutsche Gesellschaft einfügen. Carmen Stürzel reichte deshalb ihre Idee beim Transatlantischen Ideenwettbewerb USable ein. Diesen Wettbewerb schreibt die Hamburger Körber-Stiftung seit 1998 aus, um den Austausch von innovativen und praxisnahen Ideen zwischen den USA und Deutschland zu fördern. Wer gute Ideen in den USA findet, die geeignet sind, auch in Deutschland die Lösung von Problemen anzustoßen, kann dafür von der Körber-Stiftung mit wertvollen Preisen belohnt werden. Die Stiftung bietet ein Forum, innovative Impulse bekannt zu machen. Ideelle und materielle Förderung kann erhalten, wer seine *usable idea* (usable = englisch für »nützlich, brauchbar«) selbst in Deutschland umsetzen möchte. So wie eben Carmen Stürzel. Ihre Auszeichnung mit einem USable-Hauptpreis im Juni 2000 war der Auftakt für eine gelungene Berliner Variante der Idee aus Pittsburgh.

Von Beginning with Books zu Lesewelt e. V. – eine Idee überquert den Atlantik

Beginnung with Books gibt es seit 1984. Es handelt sich um eine gemeinnützige Einrichtung, die der Carnegie Library of Pittsburgh angegliedert ist. Die Gründerinnen, die beiden Dozentinnen Dr. Joan B. Friedberg und Dr. Elizabeth Segel, hatten im Vorfeld beobachtet, dass es für Lesefreude und Lesefertigkeit von Kindern von entscheidender Bedeutung ist, ob sie mit Büchern und Erzählen aufwachsen oder nicht. Belegt wurden diese Eindrücke auch von Untersuchungen, nach denen Kinder, denen nicht vorgelesen wird, in ihrer Entwicklung bereits im Kindergartenalter weit hinter Gleichaltrigen zurückliegen. Diese Lücke wird in der weiteren Entwicklung nur schwer wieder geschlossen. Das unterschiedliche Niveau in der Lesekompetenz der Kinder lässt sich zudem häufig am Einkommen der Eltern festmachen.

Daher hat es sich Beginning with Books nicht nur zur Aufgabe gemacht, bei Heranwachsenden die Lust am Lesen zu stärken und sie damit zu lebenslangem Interesse an Büchern zu motivieren, sondern die Organisation will insbesondere Kindern aus sozial schwachen Familien einen Zugang zu Büchern verschaffen. Ihre Eltern sollen mit Büchern und Informationen an das Vorlesen herangeführt und immer wieder nachdrücklich dazu ermuntert werden. Durch ein »Gift Book Program« sind im westlichen Pennsylvania seit 1984 mehr als 75.000 Pakete von je drei Kinderbüchern an einkommensschwache Familien verteilt worden – samt Tipps, wie Väter und Mütter das Vorlesen zu einem positiven Lernerlebnis machen können. Regelmäßig fahren Erzählbusse durch arme Stadtteile; in einem Leseförderclub können Eltern wöchentlich zusammenkommen. Sie trainieren dort ihre Vorlesefähigkeiten, tauschen sich über das häusliche Vorlesen aus oder lernen Bibliotheken und Kinderbücher kennen. Beim »Project BEACON« werden Mitarbeiter privater und staatlicher Kindergärten in Problemstadtteilen angesprochen und mit Büchern versorgt.

Zentral ist jedoch das Programm »Read Together« – das eigentliche Modell für Lesewelt. Bei Read Together liest ein vorher geschulter, ehrenamtlicher Mitarbeiter jeweils einem Kind vor. Einmal wöchentlich kommen Leser und Vorlesekind für 60 bis 90 Minuten in einer von 18 beteiligten städtischen Bibliotheken zusammen. Die Konzentration auf Kinder aus Familien mit wenig ausgeprägten Lese- und Schreibfertigkeiten soll ihre Chancen erhöhen, diesem familiären Erbe zu entrinnen. Und in der Tat haben Untersuchungen in den 90er-Jahren gezeigt, dass bei 90 Prozent der Vorlesekinder von Read Together sowohl die Lese- und Schreibkompetenz verbessert wurde als auch das Interesse am Lesen zunahm. Eltern bestätigten: Ihre Kinder verbrachten durch das Vorleseprogramm weniger Zeit vor dem Fernseher, lasen stattdessen mehr – und erbrachten in der Schule insgesamt bessere Leistungen.

Carmen Stürzel war von diesem Ansatz und dem Erfolg von Read Together begeistert und begann im Sommer 2000, in einer Berliner Stadtbibliothek vorzulesen – zwei Jahre später sind 18 Bibliotheken und mehr als 80 ehrenamtliche Vorleserinnen im Einsatz. Tendenz: steigend. Eine USable-Erfolgsstory also. Manches geriet indes bei der deutschen Adaption anders als beim amerikanischen Original. Die Kinder, die in Wedding oder Berlin-Mitte zum Vorlesen kommen, stammen zumeist aus türkischen, arabischen, russischen oder anderen Immigrantenfamilien. Damit rückt hier neben die Förderung von Lesefreude auch der Aspekt der sprachlichen Integration durch Vorlesen ins Zentrum. Aber von den ehrenamtlichen Vorlesern bis zur Stadtbibliothek als Leseort hat das Berliner Projekt doch die wesentlichen Eckdaten des Pittsburgher Modells übernommen. Und auch in seiner Berliner Variante verspricht das Programm, Kindern aus sozial schwachen und bücherfernen Familien zu besseren Startchancen zu verhelfen.

Lesekumpel und Bücherpunkte

Beginning with Books ist nicht das einzige Projekt zur Leseförderung, das beim Transatlantischen Ideenwettbewerb USable eingereicht wurde. Neben Carmen Stürzel sind auch andere deutsche Wettbewerbsteilnehmer in den Vereinigten Staaten auf Initiativen gestoßen, die vor allem Kindern und Jugendlichen das Lesen schmackhaft machen wollen. Zwei Beispiele aus Georgia und Ohio.

An der Due West Elementary School in Marietta, Georgia, gibt es ein so genanntes »Book Buddy Program«. An einem Tag in der Woche kommt hier ein Elternteil oder ein älterer Schüler in die Grundschule, um für rund 20 Minuten aus einem Buch vorzulesen. Anschließend wird der Lesestoff mit der Klasse diskutiert. Während des Vorlesens halten sich der Lehrer oder die Lehrerin meistens sehr zurück. So ergibt sich eine neue, spannende Situation, weil einmal nicht die gewohnte Lehrperson im Mittelpunkt des Geschehens steht.

Das Programm fördert das Interesse an Büchern durch die Vorbildfunktion von Vorlesern. Es erfüllt viele Kinder mit Stolz, ihre Eltern in der Schule zu sehen. Meistens essen die Mütter und Väter auch noch mit ihren Kindern in der Schulkantine zu Mittag. Auf diese Weise werden die Eltern in das Schulgeschehen involviert, was oft eine Garantie für eine höhere Motivation der Schüler ist.

Eine andere Idee, Kinder an Bücher heranzuführen, hat die All Saints School in Wickliffe, Ohio, entwickelt. Dort haben alle Bücher der Schulbibliothek auf ihrem Rücken eine Anzahl von Punkten. Je anspruchsvoller ein Buch, umso höher die Punktzahl. Jeder Schüler muss nun der Klassenstufe entsprechend ein bestimmtes Soll an Punkten erreichen – oder besser gesagt: erlesen. Das Ergebnis fließt zum einen in die Benotung ein, zum anderen wird in jeder Klasse der Schüler mit den meisten Lesepunkten besonders ausgezeichnet. Viele Kinder fühlen sich dadurch angespornt und werden zu regelrechten Bücherwürmern.

Trotz solcher oder ähnlicher Initiativen aber zeigen Untersuchungen, dass Millionen erwachsener Amerikaner Schwierigkeiten mit normalen Lese- und Schreibaufgaben haben. Eltern sind nicht in der Lage, Briefe der Lehrer ihrer Kinder zu lesen. Arbeitnehmer können ihre Bewerbung für einen Job nicht selbst schreiben. Erkrankte entziffern Beipackzettel auf

Medikamenten nicht. Ein erfolgreiches Modellprojekt für die Alphabetisierung Erwachsener findet sich denn folgerichtig ebenfalls unter den USable-Beiträgen: die »Literacy Volunteers of America«, gegründet von Ruth Colvin aus Syracuse im Staat New York 1962. Geschulte Freiwillige erteilen erwachsenen Analphabeten kostenlosen Unterricht. Das Programm wurde von professionellen Lehrern entwickelt, war rasch wirksam und wurde auf weitere amerikanische Bundesstaaten ausgedehnt. Heute gibt es neben dem »Basic Literacy Program« für Analphabeten auch ein »English as a Second Language Program« für Immigranten.

Die Literacy Volunteers finanzieren sich durch Spenden. Das US-Erziehungsministerium bezuschusst lediglich spezielle Projekte über begrenzte Zeiträume. Für jeweils mindestens ein Jahr arbeitet ein Freiwilliger eine Stunde wöchentlich mit einem bestimmten Schüler zusammen. Es wird versucht, Interessen und Lebensumstände von Schüler und Tutor abzustimmen. Unterrichtet wird möglichst in öffentlichen Räumen, z.B. in Bibliotheken.

Vorleser als persönliche Partner: Das Tandem-Prinzip

Es fällt auf, dass viele der hier vorgestellten Konzepte – so unterschiedlich sie sind – eine wichtige Gemeinsamkeit haben: Vorlesen und Leseförderung findet meist in einem klar festgelegten Team von Gefördertem und ehrenamtlichem Helfer statt. Nicht nur die erwachsenen Analphabeten bei den Literacy Volunteers haben einen individuell für sie zuständigen Freiwilligen, sondern auch die kleinen Zuhörer bei Read Together werden vom jeweils selben Vorleser betreut.

Dieses »Tandem-Prinzip«, wonach Paare aus einem »starken« und einem »schwachen« Partner gebildet werden, ist ein in den USA sehr häufiges Instrument, um benachteiligte Menschen zu unterstützen. Der »starke« Helfer – meist ehrenamtlich engagiert – fungiert dabei als Rollenvorbild, Mentor oder Tutor des ihm Anvertrauten. »Big Brothers/Big Sisters of America« heißt eines der ältesten Projekte dieser Art, das ebenfalls bei

USable prämiert worden ist. Erwachsene »große Brüder« oder »Schwestern« treffen sich hier mehrmals im Monat mit ihrem jugendlichen Schützling. Kindern und Jugendlichen aus meist zerrütteten Familien stehen sie bei gemeinsamen Ausflügen oder Gesprächen als Vertrauenspersonen und positive *role models* zur Verfügung.

Diese Erfahrung einer persönlichen Bezugsperson ist offensichtlich gerade beim Thema Vorlesen von großer Bedeutung: Wenn Vorlesekinder sich nicht nur auf den regelmäßig wiederkehrenden Vorlesetermin verlassen können, sondern dabei auch noch auf die ungeteilte Zuneigung und Aufmerksamkeit »ihres« Vorlesers, erleben sie den Umgang mit Büchern insgesamt als etwas sehr Positives. Das Vorlesen mit einer klaren Bezugsperson schafft ein regelmäßiges Hörerlebnis für die Kinder, die dabei so wichtige Fertigkeiten wie Ausdauer, Konzentration und Vorstellungskraft einüben.

Alte Orte neu genutzt

Und noch eine andere Konstante bei vielen amerikanischen Leseinitiativen lässt sich beobachten: Als geeignete Lese- und Vorleseorte werden – ohne viele bürokratische Umständlichkeiten – ganz einfach diejenigen Räume genutzt, die sowieso für Bildung vorgesehen und mehr oder weniger öffentlich zugänglich sind: Klassenzimmer oder Bibliotheken zum Beispiel. Wie sehr sich solche Räume mit Gewinn sogar regelrecht »zweckentfremden« lassen, zeigt eine weitere Idee aus dem Fundus des Transatlantischen Ideenwettbewerbs USable: die Berkeley Tool Lending Library. Diese Stadtbücherei beherbergt nämlich einen ganz besonderen Service: Sie verleiht neben Büchern auch Werkzeug jeder Art. Neben rund 5000 einzelnen Werkzeugen stehen privaten Nutzern ebenso wie Hobbyhandwerkern kostenlos auch geschulte Mitarbeiter und eine große Auswahl an Do-it-yourself-Literatur zur Verfügung. Der Hintergrund: Das Projekt, mit einem Startgeld einer US-Bundesbehörde versehen, sollte ursprünglich die Wohnqualität ärmerer Familien verbessern helfen – indem für sie ein möglichst gut erreichbares Angebot eingerichtet wurde. Heute profitieren viele Bewohner Berkeleys von diesem Service – und die städtische Bibliothek kann auf diesem Weg viele neue Interessenten auch an ihr Kerngeschäft, die Bücherausleihe, anbinden.

Gute Ideen für mehr Praxisbezug in der Bildung

Die Werkzeug-Leih-Bücherei in Berkeley ist auch für die USA ein einmaliges Projekt – und dennoch ein gutes Beispiel dafür, wie klassische Bildungseinrichtungen sich profilieren können, um für möglichst viele Menschen attraktiv und niedrigschwellig zugänglich zu sein. Unter den USable-Ideen ist das immer wieder auffällig: Gerade im Bildungsbereich gehen amerikanische Institutionen viel serviceorientierter und pragmatischer vor, als ihre deutschen Pendants es oft können oder wollen. Dabei geht es gar nicht darum, ob das amerikanische Bildungssystem besser oder schlechter als das deutsche ist oder das allgemeine Bildungsniveau höher oder niedriger: Bildung auf Amerikanisch ist ganz einfach anders – und dabei in vielen Details innovativ und interessant auch für die deutsche Landschaft.

Bildung umfasst im angelsächsischen Verständnis mehr als die Vermittlung von Lerninhalten: Es geht viel stärker auch um das Lernen an sich, um grundsätzliche Fähigkeiten und um die praktische Erprobung von Lernstoff bzw. das Lernen in der »realen Welt«. Dazu noch einmal zwei Beispiele aus dem Transatlantischen Ideenwettbewerb USable, deren Realisierung in Deutschland von der Körber-Stiftung gefördert werden.

Bewährt haben sich in amerikanischen Schulen und v. a. Hochschulen etwa so genannte *writing centers* oder *writing labs* – schreibpädagogische Zentren und Programme, die jungen Menschen Schreibfertigkeiten grundlegend und fächerübergreifend vermitteln, beim Verfassen und Korrigieren konkreter Texte oder bei Schreibblockaden helfen. Egal, ob wissenschaftliches Schreiben oder *creative writing*: Schreiben ist im angelsächsischen Verständnis eine wichtige Schlüsselqualifikation; schreibend, d. h. im Schreibprozess, wird nach dieser Auffassung auch gelernt. Schreiben, so verstanden, ist also nicht nur ein hilfreiches Instrument, sondern ein zentrales Lernmedium. Von einem solchen Verständnis ist Deutschland noch immer weit entfernt. »Schreiben können« wird hierzulande immer noch einfach vorausgesetzt, seine Vermittlung allenfalls in den Deutschunterricht bzw. das Germanistikstudium verbannt. USable hat deshalb Schreibtagungen in Deutschland unterstützt und fördert den Austausch von Pädagogen, die modellhaft schulische Schreibzentren einrichten.

Ein ganz anderes US-amerikanisches Konzept, das praxisbetonte Bildung sogar mit einem direkten Nutzen für die Gesellschaft verbindet, ist das Thema »Service Learning« – soziales Lernen und gemeinnütziges Engagement Jugendlicher.

Ein merkwürdiger Befund. Da verbringt eine deutsche Austauschschülerin ein Jahr in Florida, aber es sind nicht Sonne und Strand, die sie mit Begeisterung an den *Sunshine State* zurückdenken lassen: Es ist ihr sozialer Einsatz, den sie als Highschool-Absolventin absolvieren musste. Und zwar als Kinderbetreuerin in der jüdischen Tempelschule – frühes Aufstehen ausgerechnet am Sonntagmorgen inbegriffen. »Das macht wirklich Spaß. Hier entstehen Freundschaften. Der Lerneffekt ist beträchtlich«, lautet die persönliche Bilanz, und: »Das Lächeln desjenigen, dem man geholfen hat, allein genügt, um alle Mühen vergessen zu machen.«

Sozialer Einsatz mit der Highschool-Klasse nicht als Pflichterfüllung, sondern als Erlebnis, das persönlich bereichert? Immer wieder haben die Teilnehmer des Transatlantischen Ideenwettbewerbs soziales Lernen als vorbildliche Idee auch für Deutschland vorgeschlagen. Manche haben es auch bereits in die Tat umgesetzt, so die Aachener Freiwilligenagentur HELP e. V., die 2002 mit einem USable-Projektpreis von 10.000 Euro gefördert wurde. Wie an amerikanischen Schulen und Hochschulen übernehmen auch in Aachen Schüler und Studenten während ihrer Ausbildung Aufgaben für das Gemeinwohl. Und wie in den USA hat auch in Aachen das *service learning* zwei Komponenten: Auf der einen Seite steht der gesellschaftliche Nutzen des sozialen Engagements junger Menschen, die messbare Unterstützung karitativer Einrichtungen. Auf der anderen Seite wird vorrangig der soziale oder politische Lerneffekt für die Helfer selbst betont, die durch gemeinnützige Einsätze in ihrer *community* die Chance haben, »reale« Problemstellungen und Lösungsmöglichkeiten kennen zu lernen. In den USA ist ein solches soziales Engagement junger Menschen oft obligatorisch, schlägt sich im Rahmen der Ausbildung auch in Zeugnissen nieder und kann damit konkret karrierefördernd sein.

Der Transatlantische Ideenwettbewerb USable: Neue Chancen

Ein Blick in die Schatzkiste des Transatlantischen Ideenwettbewerbs zeigt also insgesamt: Bei der Suche nach innovativen Ideen und zukunftsweisenden Modellen zur Behebung gesellschaftlicher Defizite lohnt sich ein Blick über den eigenen Horizont hinaus auf die Erfahrungen anderer. Lesewelt e.V. ist ein geglücktes Beispiel für einen amerikanisch-deutschen Ideentransfer – dieses Buch soll die Idee an möglichst viele potenzielle Vorleser und Vorleseinitiativen weitertragen.

Wer sich über andere im Transatlantischen Ideenwettbewerb prämierte oder von der Körber-Stiftung geförderte Ideen informieren möchte, wird sicher fündig in der USable-Buchreihe »Amerikanische Ideen in Deutschland« in der edition Körber-Stiftung oder in der Zeitschrift »Ideenarchiv« des Wettbewerbs, die kostenlos bei der Körber-Stiftung angefordert werden kann.

Und wer selbst aus eigener Erfahrung heraus Ideen aus den USA beisteuern möchte, der ist herzlich zur Teilnahme am Wettbewerb eingeladen: Wettbewerbsstart ist immer am 1. Januar eines »ungeraden« Jahres (2003, 2005...). Teilnehmer haben bei USable zwei Chancen: In der Wettbewerbskategorie »Ideenwettbewerb« werden vorbildliche Ideen und Projekte aus den USA gesucht, die sinnvoll in Deutschland realisiert werden könnten. Um spannende Texte, die sich mit dem Thema journalistisch auseinander setzen, geht es in der Kategorie »Textwettbewerb«. Insgesamt

150.000 Euro stellt die Körber-Stiftung pro Ausschreibung des Wettbewerbs für Preise und Fördermittel zur Verfügung. Referenzen, Workshops, Tagungen, Studien, PR-Kampagnen, Bücher oder Anschubfinanzierungen – das sind nur einige Möglichkeiten, wie engagierte Preisträgerinnen und Preisträger gemeinsam mit der Körber-Stiftung ihre Ideen vorantreiben können. Denn wie bei Lesewelt in Berlin ist eine gute Idee erst der Anfang. Was vor allem zählt, sind Menschen, die sich engagieren und die etwas verändern wollen. Zum Beispiel durch Vorlesen. So einfach und doch so wirkungsvoll. Probieren Sie es doch einfach selbst einmal aus!

Ein Buch bringt Kalifornien ins Gespräch

Ralph Lewin ist kein Träumer. Aber er träumt. Davon, dass die Bewohner Kaliforniens, die wie in kaum einem anderen Bundesstaat der USA in einer außerordentlichen ethnischen und kulturellen Vielfalt leben, miteinander ins Gespräch kommen. Sich ihre Geschichten erzählen. Sich ihrer unterschiedlichen Wurzeln und ihrer Gemeinsamkeiten bewusst werden. Wie soll das geschehen? Ralph Lewin, Associated Executive Director am California Council for the Humanities in San Francisco, vertraut auf eine ungewöhnliche Idee: Ein gemeinsam gelesenes Buch soll Grundlage dafür sein, die kulturellen und historischen Unterschiede zu überbrücken. Ralph Lewin ist für das Konzept der »Story-based Projects« des Councils 2002 bei USable ausgezeichnet worden. Über die Idee mit dem Buch, das Kalifornien zum Lesen und zum Reden bringen soll, hat Karin Haist mit ihm gesprochen. Hier ein Porträt einer ungewöhnlichen Leseinitiative.

 *Im Sommer 2002 sind alle Bewohner Kaliforniens aufgerufen, das Buch »Früchte des Zorns« von John Steinbeck zu lesen, damit sie gut gewappnet sind für die vielfältigen Aktivitäten rund um das Werk, die im Oktober 2002 im ganzen Bundesstaat stattfinden werden: Lesungen, Diskussionen, Aufführungen, Schulprojekte, musikalische Events, Filme oder Programme zur Familiengeschichte. Das Buch, ein Klassiker amerikanischer Literatur und ausgezeichnet mit dem Pulitzer-Preis, ist in sehr viele Sprachen übersetzt worden – auch Kalifornier, die nicht Englisch sprechen, haben so gute Chancen, es kennen zu lernen.*

Aber warum hat der Council gerade dieses Buch ausgewählt, Ralph Lewin? »Obwohl die ›Früchte des Zorns‹ bereits 60 Jahre alt sind, hat das Buch eine ganz besondere Aktualität auch für das heutige Kalifornien mit seinen so unterschiedlichen Bewohnern. Wir sind ein Land, in dem mehr als die Hälfte der gegenwärtigen Bevölkerung nicht in Kalifornien geboren wurde! Und in Steinbecks Geschichte von der Familie Joad, die von wirtschaftlicher Not aus Oklahoma vertrieben wurde und dann mit anderen Kleinbauern ihr Glück in Kalifornien versuchte, werden viele Einwanderer von heute ihr eigenes Leben und ihre eigenen Träume vom gelobten Land erkennen. Und sich dann gegenseitig ihre Geschichten erzählen. Was könnte ein besserer Einstieg in ein gutes Zusammenleben sein?«

Natürlich ist das Projekt auch eine gute Gelegenheit, den einhundertsten Geburtstag von John Steinbeck zu feiern, Literaturnobelpreisträger und berühmter Sohn Kaliforniens. Kein Wunder, dass das Leseprojekt von vielen Personen des öffentlichen Lebens unterstützt wird: Die Senatorin des US-Staates, Dianne Feinstein, ist ebenso darunter wie Hollywoodschauspieler Dennis Hopper, der Musiker Jackson Browne oder der Dramatiker Arthur Miller. 142 Bibliotheken im Land und viele wissenschaftliche und kulturelle Organisationen tragen die einzelnen Ver-

anstaltungen – und der Verlag Penguin Books konnte dafür gewonnen werden, die erste spanischsprachige Ausgabe des Buches in den USA herauszubringen. Auch ein symbolischer Akt in einem Bundesstaat, in dem Spanisch die Muttersprache der Bevölkerungsmehrheit ist.

Eine verrückte Vorstellung. Monatelang haben die Menschen bei offiziellen Veranstaltungen, aber auch im Alltag ein gemeinsames Thema. Im Bus sprechen sich Menschen an, die dasselbe Buch lesen. In der Schule kann man Leseeindrücke austauschen, am Arbeitsplatz die vietnamesische Ausgabe eines Kollegen mit der eigenen spanischen Übersetzung vergleichen. Auch Menschen, die sonst vielleicht keine Bücher lesen, lassen sich womöglich anstecken. Ist diese Idee auch auf andere Orte übertragbar? Wie wäre es zum Beispiel mit »Berlin liest«? Oder: »Ein Buch für Deutschland?« – »Warum nicht«, sagt Ralph Lewin. »Man müsste nur das richtige Buch aussuchen, um die Deutschen miteinander ins Gespräch zu bringen. In welchem Werk der reichen deutschen Literatur spiegeln sich die Gesellschaft und Geschichte des Landes denn am besten wider? Ihr müsst einfach euer großes Thema finden.«

Wer hat eine Idee?

Es lohnt sich!

Schlusswort von Gilda Petzold und Carmen Stürzel

»*Verbringe nicht die Zeit mit der Suche nach einem Hindernis. Vielleicht ist keines da.*«

Franz Kafka

Nur Mut!

Das vorliegende Buch wurde auch geschrieben, um anderen Menschen die Lesewelt-Idee vorzustellen und um interessierten Nachahmern den Einstieg in gleiche oder ähnliche Vorleseprojekte zu erleichtern. Lassen Sie sich nicht durch die scheinbar unendlich vielen Aufgaben abschrecken, die eine Vorleseinitiative oder die Gründung eines Vereins mit sich bringt. Auch Lesewelt hat mit kleinen Schritten begonnen.

Sollte es uns gelungen sein, Ihre Neugier zu wecken und potenzielle Initiatoren von Vorleseprojekten zu gewinnen, würde sich Lesewelt über Ihre Reaktionen und kritischen Rückmeldungen freuen. Nehmen Sie Kontakt mit uns auf, und informieren Sie uns über Ihr Vorleseprojekt. Wir freuen uns, von Ihnen und Ihren Erfahrungen zu hören, und möchten Ihnen gern anbieten, mit uns in einen Erfahrungsaustausch zu treten.

Wir hoffen, viele Leserinnen und Leser nicht nur neugierig gemacht, sondern konkret zur Nachahmung ermutigt zu haben. In diesem Sinne wünschen wir viel Mut, Energie und Ausdauer bei der praktischen Umsetzung der Lesewelt-Idee oder einer ähnlichen Vorleseinitiative.

Lesewelt e.V.
Schulstraße 99, 13347 Berlin
Tel.: 030 / 450 89 209
Fax: 030 / 450 89 211
E-Mail: info@lesewelt.org
Internet: www.lesewelt.org

Das hilft weiter:
Service

»Er ließ seinen Blick über die vielen Bücher schweifen, die bis unter die Decke hinauf an den Wänden standen, dann zeigte er mit dem Stiel seiner Pfeife darauf und fuhr fort: ›Es gibt eine Menge Türen nach Phantásien, mein Junge. Es gibt noch mehr solche Zauberbücher.‹«

Aus: Michael Ende, Die Unendliche Geschichte, Stuttgart 1979

Literaturempfehlungen

Literatur zum Thema Lesen / Leseförderung

Baacke, Dieter: Die 6–12jährigen. Weinheim 1989.

Bamberger, Richard: Lese-Erziehung. In: Internationales Institut für Kinder-, Jugend- und Volksliteratur/Österreichischer Buchklub der Jugend (Hrsg.): Schriften zur Jugendlektüre, Band XII. Wien o.J. (Sonderdruck aus: Die Barke, o.O. 1977).

Beisbart, Ortwin/Eisenbeiß, Ulrich/Koß, Gerhard/Marenbach, Dieter (Hrsg.): Leseförderung und Leseerziehung. Theorie und Praxis des Umgangs mit Büchern für junge Leute. Donauwörth 1993.

Bertelsmann Stiftung (Hrsg.): Lesen fördern in der Welt von morgen. Modelle für die Partnerschaft von Bibliothek und Schule. Gütersloh 2000.

Bettelheim, Bruno: Kinder brauchen Bücher. Stuttgart 1982.

Bloom, Harold: Die Kunst der Lektüre. Wie und warum wir lesen sollten. München 2000.

Buchner, Christina: Neues Lesen – Neues Lernen. Vom Lesefrust zur Leselust. Freiburg 1996.

Bundesministerium für Bildung und Forschung (Hrsg.): Gutachten zur Bildung in Deutschland. Korrigendum. Bonn 2001.

Eggert, Hartmut/Garbe, Christine: Literarische Sozialisation. Stuttgart 1995.

Franz, Kurt: Lesen macht stark. Alles über Bücher. Vom Autor bis zum Leser. München 2000.

Franzmann, Bodo/Hasemann, Klaus, u.a. (Hrsg. im Auftrag der Stiftung Lesen und der Deutschen Literaturkonferenz): Handbuch Lesen. München 1999.

Fritz, Angela/Suess, Alexandra: Lesen. Die Bedeutung der Kulturtechnik Lesen für den gesellschaftlichen Kommunikationsprozess. Konstanz 1986.

Gärtner, Hans: Spaß an Büchern. Wie Kinder Leselust bekommen. München 1996.

Gaschke, Susanne: Die Erziehungskatastrophe. Kinder brauchen starke Eltern. Stuttgart und München 2001.

Gaschke, Susanne: Hexen, Hobbits und Piraten. Die besten Bücher für Kinder. Stuttgart und München 2002.

Groeben, Norbert/Vorderer, Peter: Leserpsychologie. Lesemotivation – Lektürewirkung (Band II). Münster 1988.

Groeben, Norbert/Hurrelmann, Bettina (Hrsg.): Lesekompetenz: Bedingungen, Dimensionen, Funktionen. München und Weinheim 2001.

Hurrelmann, Klaus/Unverzagt, Gerlinde: Konsumkinder. Was fehlt, wenn es an gar nichts fehlt. Stuttgart 2001.

Langen, Claudia/Bentlage, Ulrike (Hrsg.): Das Lesebarometer – Lesen und Mediennutzung in Deutschland. Eine Bestandsaufnahme zum Leseverhalten 1999. Gütersloh 2000.

Mähler, Bettina/Kreibich, Heinrich: Bücherwürmer und Leseratten. Wie Kinder Spaß am Lesen finden. Hamburg 1994.

Österreichisches Bundesministerium für Unterricht und Kunst (Hrsg.): Buch. Partner des Kindes. Wissenswertes über Bücher für die ersten acht Lebensjahre. Sonderausgabe mit Unterstützung der Deutschen Lesegesellschaft e. V. Ravensburg 1979.

Rank, Bernhard/Rosebrock, Cornelia: Kinderliteratur. Literarische Sozialisation und Schule. Weinheim 1997.

Rosebrock, Cornelia (Hrsg.): Lesen im Medienzeitalter. Biographische und historische Aspekte literarischer Sozialisation. München und Weinheim 1995.

Stiftung Lesen (Hrsg.): Forum Lesen. Ausgaben 1999–2002.

Stiftung Lesen (Hrsg.): Lesen. Grundlagen, Ideen, Modelle zur Leseförderung. 6. Auflage. Mainz 1996.

Stiftung Lesen (Hrsg.): Leseverhalten in Deutschland im neuen Jahrtausend. Mainz 2001.

Stiftung Lesen (Hrsg.): Macht die Kindheit lebendig. Ideen, Projekte, Erfahrungen zum spielerischen Umgang mit Büchern im Kindergarten. Mainz 2001.

Stiftung Lesen (Hrsg.): Neue Bücher zum Vorlesen. Leseempfehlungen für

Kindergarten, Familie und Grundschule (diese Buchliste wird ständig aktualisiert und kann angefordert werden).

Stiftung Lesen/Bundesministerium für Familie, Senioren, Frauen und Jugend (Hrsg.): Lesen ist Familiensache. Eine Informationsbroschüre für Eltern. Sonderausgabe. Mainz 1995.

Tebbe, Thomas (Hrsg.): Wenn Kopf und Buch zusammenstoßen. Ein Lesebuch übers Lesen. München 1998.

Universitas. Orientierung in der Wissenschaft. Heft 673. Stuttgart 2002 (Schwerpunktthema Zukunft des Lesens).

Wespel, Manfred: Wie wird mein Kind zum Leser? Praktische Tipps und alles Wissenswerte zum Lesen lernen. München 2001.

Williams, Wendy M.: Lesemuffel und Leseratten. Wie Kinder Lust auf Bücher kriegen. München 1998.

Literatur zum Thema Integration

Arbeitskreis Neue Erziehung (Hrsg.): Analysen: Erziehung – Sprache – Migration. Gutachten zur Situation türkischer Familien. Berlin 1999.

Arbeitsstab Forum Bildung in der Geschäftsstelle der Bund-Länder-Kommission für Bildungsplanung und Forschungsförderung (Hrsg.): Bildung und Qualifizierung von Migrantinnen und Migranten. Anhörung des Forum Bildung am 21. Juni 2001 in Berlin. Materialien des Forum Bildung 11. Forum Bildung 2001.

Attia, Iman/Marburger, Helga (Hrsg.): Alltag und Lebenswelten von Migrantenjugendlichen. In: Interdisziplinäre Studien zum Verhältnis von Migrationen, Ethnizität und gesellschaftliche Multikulturalität. Band 11. Frankfurt/Main 2000.

Demir, Mustafa/Sönmez, Ergün: »Ausländische« Kinder. Ihre Erziehungs- und Integrationsmisere. Berlin 1999.

Deutsch-Türkische Projekte der Körber-Stiftung (Hrsg.): Chance Bildung. 7. Deutsch-Türkisches Symposium der Körber-Stiftung. (= Argumente zum deutsch-türkischen Dialog 7, edition Körber-Stiftung). Hamburg 2002.

Die Beauftragte der Bundesregierung für Ausländerfragen (Hrsg.): Bericht der Beauftragten der Bundesregierung für Ausländerfragen über die Lage der Ausländer in der Bundesrepublik Deutschland. Berlin und Bonn Februar 2000.

Die Beauftragte der Bundesregierung für die Belange der Ausländer (Hrsg.): Mitteilungen der Beauftragten der Bundesregierung für die Belange der Ausländer: Deutsch Lernen – (K)ein Problem. Sprache und Sprachkompetenz als Instrument der Integration. Bonn 1997.

Gesemann, Frank (Hrsg.): Wissenschaftliche Analysen und politische Perspektiven: Migration und Integration in Berlin. Opladen 2001.

Motte, Jan/Ohliger, Rainer/von Oswald, Anne (Hrsg.): 50 Jahre Bundesrepublik. 50 Jahre Einwanderung. Nachkriegsgeschichte als Migrationsgeschichte. Sammelband. Frankfurt/Main und New York 1999.

Schülerwettbewerb Deutsche Geschichte um den Preis des Bundespräsidenten (Hrsg.): Weggehen – Ankommen. Migration in der Geschichte (= Unterrichtsideen II, edition Körber-Stiftung). Hamburg 2002.

Treibel, Anette: Migration in modernen Gesellschaften. Soziale Folgen von Einwanderung, Gastarbeit und Flucht. In: Grundlagentexte Soziologie. Weinheim und München 1999.

Literatur zum Thema Freiwilliges Engagement

AWO Bundesverband (Hrsg.): Praxishandbuch der Initiative Ehrenamt. Freiwillige ansprechen, gewinnen, beteiligen. Bonn 1998.

Dettling, Warnfried: Ehrenamt in der Bürgergesellschaft. Ein neues Leitbild für freiwilliges soziales Engagement. Eine gesellschaftspolitische Standortbestimmung. In: Robert Bosch Stiftung GmbH (Hrsg.): Beiträge zum Ehrenamt 1. Stuttgart 2000.

Jakob, Gisela/Janning, Heinz: Freiwilliges Engagement als Teil einer lokalen Infrastruktur für Bürgerengagment. In: Heinze, Rolf/Olk, Thomas (Hrsg.): Bürgerengagement in Deutschland. Opladen 2000.

Klages, Helmut: Engagement und Engagementpotential in Deutschland. In: Bundeszentrale für Politische Bildung (Hrsg.): Aus Politik und Zeitgeschichte. Beilage zur Wochenzeitung »Das Parlament«. Heft B38/98. Bonn 1998.

Paritätischer Wohlfahrtsverband LV NRW e.V. und Stiftung Mitarbeit (Hrsg.): Projektgruppe Ehrenamt, Stiftung Mitarbeit: Logbuch für Schatzsuchende – Ein Lesebuch für freiwilliges soziales Engagement. Bonn 1997.

Literatur zum Thema Verein und Vereinsgründung

Bank für Sozialwirtschaft GmbH (Hrsg.): Arbeitshilfen für ehrenamtliche Vorstände. Vorstandsbildung und Vorstandsentwicklung als zentrale Managementaufgabe. Heft 4. Köln 1997.

Bank für Sozialwirtschaft GmbH (Hrsg.): Arbeitshilfen für ehrenamtliche Vorstände. Vorstand – Geschäftsführung: Eine starke Partnerschaft. Heft 6. Köln 1997.

Geckle, Gerhard: Der Verein. Das Organisationshandbuch für die Vereinsführung. Loseblattwerk. Planegg 1998.

Marburger, Dietmar: Streit im Verein? Konflikte erfolgreich lösen. Praxis-Ratgeber für Vereinsmitglieder und Vorstände. Regensburg und Berlin 2000.

Ott, Sieghart: Vereine gründen und erfolgreich führen. Satzung. Versammlungen. Haftung. Gemeinnützigkeit. München 2000.

Paritätischer Wohlfahrtsverband-Gesamtverband e.V. (Hrsg.): Vereine. Eine Arbeitshilfe. Zur Gründung von sozialtätigen Vereinen. München und Frankfurt/Main 1995.

Literatur zum Thema Fundraising, Sponsoring und Öffentlichkeitsarbeit

Franck, Norbert: Presse- und Öffentlichkeitsarbeit. Ein Ratgeber für Vereine, Verbände und Initiatoren. Frankfurt/Main 1996.

Fundraising Akademie (Hrsg.): Fundraising. Fundraising Handbuch für Grundlagen, Strategien und Instrumente. Wiesbaden 2001.

Haibach, Marita: Handbuch Fundraising: Spenden, Sponsoring, Stiftungen in der Praxis. Frankfurt/Main und New York 1998.

Krenz, Armin: Handbuch Öffentlichkeitsarbeit. Freiburg, Basel und Wien 1997.

Lang, Reinhard/Haunert, Fritz: Handbuch Social Sponsoring. Grundlagen, Praxisbeispiele, Handlungsempfehlungen. Weinheim 1995.

Luthe, Detlef: Fundraising als beziehungsorientiertes Marketing. Entwicklungsaufgaben für Nonprofit-Organisationen. Augsburg 1997.

Luthe, Detlef: Fundraising und Öffentlichkeitsarbeit. Mittelbeschaffung für soziale Organisationen. In: sozialmagazin 6/1994, Seite 48–51.

Scheibe-Jaeger, Angela: Finanzierungs-Handbuch für Non-Profit-Organisationen. 2. aktualisierte Auflage. Regensburg und Bonn 1998.

Schöffmann, Dieter: Fundraising für Initiativen. Arbeitshilfen für Selbsthilfe- und Bürgerinitiativen Nr. 7, hrsg. von der Stiftung Mitarbeit. Bonn 1993.

Strachwitz, Rupert Graf von: Stiftungen. Nutzen, führen und errichten: ein Handbuch. Frankfurt/Main und New York 1994.

Urselmann, Michael: Fundraising. Erfolgreiche Strategien von führenden Nonprofit-Organisationen. 2. erw. Auflage. Bern, Stuttgart und Wien 1999.

Kontaktadressen

Projekte rund ums Lesen

Arbeitskreis für Jugendliteratur e.V.
Metzstraße 14c, 81667 München
Tel.: 089 / 458 08 06
Fax: 089 / 458 08 088
E-Mail: info@jugendliteratur.org
Internet: www.jugendliteratur.org

Der Arbeitskreis für Jugendliteratur e.V. ist ein Dachverband der Kinder- und Jugendliteratur in Deutschland. Auf der Homepage finden sich Büchertipps für Kinder und Jugendliche, die zusammen mit der Zeitschrift Universitas erstellt wurden.

Arbeitsstelle für Leseforschung und Kinder- und Jugendmedien (ALEKI)
Universität zu Köln
Bernhard-Feilchenfeld-Straße 11, 50969 Köln
Tel.: 0221 / 470 40 69
Fax: 0221 / 470 51 97
Internet: www.aleki.uni-koeln.de

ALEKI ist ein Projekt der Universität zu Köln, in dem u. a. zur Geschichte der Kinder- und Jugendliteratur sowie zum aktuellen Leseverhalten geforscht wird. Publikationen befassen sich zum Beispiel mit dem Leseklima in Familien, mit Rezensionen und mit Klassikern der Kinder- und Jugendliteratur.

Beginning with Books
5920 Kirkwood St.
Pittsburgh, PA 15206, USA
Internet: www.beginningwithbooks.org

Das amerikanische Vorbild für Lesewelt in Berlin unterhält umfangreiche Programme zur Heranführung v. a. sozial benachteiligter Kinder an Lesen und Bücher. Mehr im Kapitel »Neue Welt der Bücher«.

Bertelsmann Stiftung

Carl-Bertelsmann-Str. 256, D-33311 Gütersloh
Tel.: 05241 / 81 - 0
E-Mail: info@bertelsmann-stiftung.de
www.bertelsmann-stiftung.de

Die 1977 vom Medienunternehmer Reinhard Mohn gegründete, operativ arbeitende, große deutsche Stiftung will Lösungsmodelle für unterschiedliche gesellschaftliche Probleme entwickeln. Unter ihren vielfältigen Schwerpunkten und Einzelprojekten finden sich auch etliche Programme zur Leseförderung und zur Förderung von Bibliotheken. So werden z. B. alle drei Jahre die wichtigsten Daten zum Leseverhalten der Deutschen im »Lesebarometer« veröffentlicht.

Börsenverein des Deutschen Buchhandels e. V.

Leseförderung
Großer Hirschgraben 17–21, 60311 Frankfurt am Main
Tel.: 069 / 1306 - 331
Fax: 069 / 1306 - 435
E-Mail: lesefoerderung@boev.de
www.boersenverein.de

Der Dachverband des deutschen Buchhandels engagiert sich auch für die Leseförderung. Schon seit 1959 findet bundesweit der Vorlesewettbewerb der sechsten Klassen statt.

Erziehung zum Lesen & Spaß mit Büchern

Hustadtring 141, 44801 Bochum
Dr. Birgit Ebbert
Tel.: 0173 / 524 44 15
E-Mail: birgit@ebbert-online.de
Internet: www.leseerziehung.de

Die Medienpädagogin und Autorin ist seit 1999 Vorsitzende der Landesarbeitsgemeinschaft Jugend und Literatur NRW e.V. Auf ihrer Internetseite veröffentlicht sie Hintergrundinformationen und Gedanken zum Lesen im Medienzeitalter. Vor allem Eltern erhalten praktische Tipps, wie sie bei ihren Kindern den Spaß am Lesen wecken können.

Institut für angewandte Kindermedienforschung (IfaK)
Fachhochschule Stuttgart / Hochschule für Medien
Wolframstr. 32, 70101 Stuttgart
Tel.: 0711 / 25 706 - 175
Fax: 0711 / 25 706 - 300
E-Mail: ifak@hdm-stuttgart.de
www.ifak-kindermedien.de

Das IfaK ist eine wissenschaftliche Einrichtung, die sich mit allen Medien beschäftigt, die für Kinder und Jugendliche produziert und von ihnen genutzt werden. Ein Schwerpunkt liegt auf audiovisuellen, digitalen und interaktiven Medien. Neben seiner Forschungstätigkeit ist das IfaK auch ein Medienkompetenzzentrum in Baden-Württemberg, das Bibliotheken, Mediotheken und Medien ebenso berät wie Eltern oder Jugendliche.

Institut für Jugendliteratur
Mayerhofgasse 6, 1040 Wien
Tel.: 0043 / 1 / 505 03 59 oder 505 28 31
Fax: 0043 / 1 / 505 03 59 - 17
E-Mail: office@jugendliteratur.net
Internet: www.kidlit.nwy.at

Das Institut setzt sich nicht nur theoretisch mit dem Thema Lesen auseinander, sondern veranstaltet auch Events wie zum Beispiel das schon zur Tradition gewordene »Lesen im Park«.

Landesarbeitsgemeinschaft Jugend und Literatur NRW e.V.
Leyendeckerstraße 9, 50825 Köln
Tel.: 0221 / 954 58 82
Fax: 0221 / 954 58 83
E-Mail: Jugendliteratur@lkj-nrw.de
Internet: www.lkj-nrw.de/jugendliteratur

Die Landesarbeitsgemeinschaft Jugend und Literatur NRW e.V. wurde Ende 1978 mit dem Ziel gegründet, Kindern und Jugendlichen den Spaß am Lesen und an Büchern zu vermitteln – mit unterschiedlichsten Aktivitäten rund um das Buch wie Seminaren, Workshops oder Freizeiten.

LesArt

Weinmeisterstraße 5, 10178 Berlin
Tel.: 030 / 282 97 47
Fax: 030 / 282 97 69
E-Mail: info@lesart.org
Internet: www.lesart.org

LesArt entwickelt unter Einbeziehung aller Künste und Medien kreative Leseförderungsmodelle, die von jugendlichen Lebens-, Lese- und Bilderfahrungen ausgehen. Das Berliner Zentrum für Kinder- und Jugendliteratur ist Kooperationspartner kinder- und jugendliterarischer Aktivitäten auch über Berlin hinaus.

Lesewelt e. V.

Schulstraße 99, 13347 Berlin
Tel.: 030 / 450 89 209
Fax: 030 / 450 89 211
E-Mail: info@lesewelt.org
Internet: www.lesewelt.org

Ehrenamtliches Berliner Vorleseprojekt für Kinder und Jugendliche, das im vorliegenden Buch ausführlich dargestellt wird – siehe v. a. das Kapitel »Lesewelt e. V. in Berlin«.

Stiftung Lesen

Fischtorplatz 23, 55116 Mainz
Tel.: 06131 / 288 90 - 0
Fax: 06131 / 23 03 33
E-Mail: Mail@StiftungLesen.de
Internet: www.stiftunglesen.de

Die Stiftung Lesen versteht sich als »eine Ideenwerkstatt für alle, die Spaß am Lesen vermitteln wollen«. Seit 1988 entwickelt sie unter der Schirmherrschaft des jeweiligen Bundespräsidenten zahlreiche Projekte, um das Lesen in der Medienkultur zu stärken: von Schulkampagnen über Buchhandelsaktionen bis hin zu Forschungsstudien. Die Stiftung Lesen gibt die Zeitschrift »Forum Lesen« heraus und bietet speziellen Infoservice z. B. für Eltern, Erzieher und Lehrer an.

Ansprechpartner für Vereine und Initiativen

Akademie für Ehrenamtlichkeit in der Jugendhilfe
Gubener Straße 47, 10243 Berlin
Tel.: 030 / 275 49 38
Fax: 030 / 279 01 26
E-Mail: akademie@ehrenamt.de
Internet: www.ehrenamt.de

Die Akademie für Ehrenamtlichkeit bietet Infos und Literatur, v. a. aber konkrete Qualifizierungsmöglichkeiten und einen Erfahrungsaustausch für ehrenamtlich Engagierte.

Berufsgenossenschaft für Gesundheitsdienst und Wohlfahrtspflege
Hauptverwaltung
Pappelallee 35 / 37, 22089 Hamburg
Tel.: 040 / 202 07 - 0
Fax: 040 / 202 07 - 525
Internet: www.bgw-online.de

Die Berufsgenossenschaft ist die gesetzliche Unfallversicherung für nichtstaatliche Einrichtungen. Zuständig zum Beispiel für freiwillige Tätigkeiten in Wohlfahrtsverbänden, Kirchen, Sportverbänden o. Ä.

Bundesarbeitsgemeinschaft der Freiwilligenagenturen e.V. (bagfa)
Torstr. 231, 10115 Berlin
Tel.: 030/ 20 45 - 33 66
Fax: 030/ 28 09 - 46 99
E-Mail: bagfa@bagfa.de
www.bagfa.de

Dies ist der Bundesverband der ca. 150 kommunalen deutschen Freiwilligenagenturen (siehe Liste auf der Homepage). Freiwilligenagenturen wollen freiwilliges Engagement stärken, indem sie Beratung, Information, Weiterbildung und Vermittlung anbieten für Vereine und Verbände und für Menschen, die sich engagieren wollen.

Bundesverband Deutscher Stiftungen

Alfried-Krupp-Haus
Binger Straße 40, 14197 Berlin
Tel.: 030 / 89 79 47 - 0
Fax: 030 / 89 79 47 - 11
E-Mail: bundesverband@stiftungen.org
Internet: www.stiftungen.org und www.stiftungsindex.de

Dachverband und zentrale Interessenvertretung der deutschen Stiftungen. Wer für seine Leseinitiative auf der Suche nach Förderern ist, findet unter www.stiftungsindex.de ein umfassendes Verzeichnis deutscher Stiftungen – mit hilfreichen Recherchemöglichkeiten.

Robert Bosch Stiftung

Heidehofstraße 31, 70184 Stuttgart
Tel.: 0711 / 460 84 - 0
Fax: 0711 / 460 84 - 1094
E-Mail: info@bosch-stiftung.de
Internet: www.bosch-stiftung.de

Eine der großen deutschen gemeinnützigen und unternehmensverbundenen Stiftungen, zu deren Programmbereichen u. a. Jugend / Bildung / Bürgergesellschaft zählt. Neben eigenen Programmen werden in begrenztem Umfang auch Vorhaben Dritter unterstützt.

startsocial

Postfach 1306, 85767 Unterföhring
Tel.: 01805 / 77 78 77 (12 Cent/ Minute)
E-Mail: info@startsocial.de
Internet: www.startsocial.de

Unter dem Motto »Hilfe braucht Helfer« gibt es seit 2001 den Wettbewerb startsocial, bei dem sich innovative soziale Ideen und Projekte für professionelle Beratung und Unterstützung durch Partner aus der Wirtschaft qualifizieren können. Startsocial ist eine Initiative der Wirtschaft unter der Schirmherrschaft des Bundeskanzlers. Die Wettbewerbsunterlagen – z. B. die Dokumentation 2001 (»Menschen. Ideen. Projekte«) enthalten gute Tipps für junge Projekte.

Stiftung Mitarbeit
Bornheimer Straße 37, 53111 Bonn
Tel.: 0228 / 604 24-0
Fax: 0228 / 604 24-22
E-Mail: info@mitarbeit.de
Internet: www.mitarbeit.de

Die Stiftung Mitarbeit setzt sich für eine lebendige Demokratie und »Demokratieentwicklung von unten« ein, indem sie als »Servicestelle für bürgerschaftliches Engagement« Bürgerinitiativen und Selbsthilfegruppen Beratung, Kontakte und Hilfe – in begrenztem Umfang auch Starthilfezuschüsse – vermittelt. Für junge Initiativen gibt es hier auch interessante Tagungen und Publikationen.

Materialien von Lesewelt e.V.

Als vielleicht nützliche Anregung für neu entstehende Vorleseprojekte werden auf den Folgeseiten Originalmaterialien von Lesewelt in Berlin abgedruckt. Besonders bewährt hat sich die Vorlesekarte von Kindern, auf denen jeder Besuch eines Vorlesenachmittags per Stempel eingetragen wird. Mit zehn Stempeln ist die Karte voll – und es gibt eine kleine Anerkennung für das Vorlesekind. Eine gute Motivation, wiederzukommen!

Vorlesekarte
für
Name: YAKUB
Alter: 7
Vorleseort:
Lesewelt e.V. Meine Schule:

Vorlesekarte
für
Name: ISMAIL
Alter: 6
Vorleseort: jerusalem
Lesewelt e.V. Meine Schule:

Lesewelt e.V. + Schulstr. 99 + 13347 Berlin + Tel.: 030 / 450 89 209 + Fax: - 11
info@lesewelt.org   www.lesewelt.org

Lesewelt - Freundeskreis

Ja, ich will die Arbeit von Lesewelt e.V. unterstützen, damit auch weiterhin viele Kinder ihre Lieblingsgeschichten hören können.

Wir brauchen Ihren Beitrag für die gesamte Arbeit von Lesewelt, wie z.B. Geschenkbücher für Kinder, Öffentlichkeitsarbeit, Verwaltungskosten, Fortbildungen für unsere Vorleser und vieles, vieles mehr. Dafür erhalten Sie regelmäßige Informationen über Lesewelt, ein Zertifikat und eine Spendenbescheinigung.

Mein Beitrag: ☐ 5 € monatlich   ☐ 60 € jährlich

☐ _____ € monatlich   ☐ _____ € jährlich

☐ Ich überweise monatlich meinen Beitrag unter dem Stichwort „Freundeskreis" auf das Konto von Lesewelt e.V., Kontonummer 32 513 00 bei der Bank für Sozialwirtschaft BLZ: 100 205 00

Mein Name: _____
Straße / Nr. _____
PLZ: _____ Ort: _____
Telefon: _____ e-mail: _____

☐ Ich erteile Ihnen bis auf Widerruf eine Einzugsermächtigung, um den Verwaltungsaufwand so niedrig wie möglich zu halten.

Kontonummer: _____
Bankleitzahl: _____ bei _____
Diese Erklärung kann ich jederzeit schriftlich zurückziehen.

_____   _____
Datum   Unterschrift

Wir freuen uns sehr über Ihre Unterstützung. **Vielen Dank !!**

Autorinnen und Autoren

Christine Brinck
Dr. phil. Christine Brinck promovierte 1976 über die englische Open University an der Universität Hamburg. Anschließend Postdoc-Forschung in den USA über verschiedene Aspekte amerikanischer Hochschulen unter der Supervision von Prof. David Riesman, Harvard. Mitarbeit in der Arbeitsgruppe »Studium neben dem Beruf« des Bundesministeriums für Bildung und Wissenschaft unter Prof. Friedrich Edding. Gutachtertätigkeit im Bereich der vergleichenden Hochschulforschung. Journalistische Mitarbeit bei der »Süddeutschen Zeitung«, der »ZEIT« und »Focus«, überwiegend im Bereich Bildung und Gesellschaft. Seit 1998 ist Christine Brinck Jurymitglied beim Transatlantischen Ideenwettbewerb USable. Sie ist verheiratet und hat zwei Kinder.

Ulrike Fritzsching
Ulrike Fritzsching M.A., geboren 1967, studierte Angewandte Kulturwissenschaften in Lüneburg. Nach einem Abstecher bei der Deutschen Presse Agentur machte sie ihre Bücherleidenschaft zum Beruf. Im Leipziger Militzke Verlag war sie als Lektorin und Pressesprecherin tätig und leitete fünf Jahre lang dort die Bereiche Presse- und Öffentlichkeitsarbeit, Werbung und Lizenzen. Seit 2000 arbeitet sie als Wissenschaftliche Mitarbeiterin in der edition Körber-Stiftung.

Karin Haist
Karin Haist M.A., geboren 1961, hat in Freiburg und Tübingen Volkskunde/Empirische Kulturwissenschaft und Germanistik studiert. Von 1989 bis 1991 absolvierte sie ein Volontariat am Museum der Arbeit in Hamburg; im Anschluss wechselte sie zur Körber-Stiftung. Dort war sie zunächst Wissenschaftliche Mitarbeiterin im Schülerwettbewerb Deutsche

Geschichte um den Preis des Bundespräsidenten. Seit 1999 leitet sie den Transatlantischen Ideenwettbewerb USable der Körber-Stiftung. Als Mutter zweier Vorschulkinder stürzt sie sich täglich in das »Abenteuer Vorlesen«.

Cem Özdemir

Cem Özdemir, geboren 1965 als Sohn türkischer Einwanderer im schwäbischen Bad Urach, studierte nach einer Ausbildung zum Erzieher in Reutlingen Sozialpädagogik. Seit 1983 ist Cem Özdemir deutscher Staatsbürger. 1981 trat er in die Partei DIE GRÜNEN ein und war von 1989 bis 1995 Mitglied des Landesvorstandes Baden-Württemberg. 1994 wurde Cem Özdemir erstmals, 1998 erneut in den Deutschen Bundestag gewählt. Er war damit der erste Vertreter der in Deutschland geborenen zweiten Einwanderergeneration im deutschen Parlament. Von 1998 bis 2002 war er Innenpolitischer Sprecher der Fraktion seiner Partei.

Cem Özdemir engagiert sich vielfältig für politische und ökologische Ziele, für Menschenrechte und interkulturelle Verständigung. Dafür wurde er auch ausgezeichnet, u.a. mit dem Civis-Preis und der Theodor-Heuss-Medaille 1996. Cem Özdemir hat sich auch bereits für mehrere Projekte eingesetzt, die aus dem Transatlantischen Ideenwettbewerb USable der Körber-Stiftung entstanden sind: 1999 übernahm er die Patenschaft für Springboard to Learning e.V., eine Initiative gegen Ausländerfeindlichkeit in Erfurt. Dem Berliner Verein Lesewelt e.V. stellte er sich 2001 als ehrenamtlicher Vorleser zur Verfügung – und begeisterte mit seinen Lieblingsbüchern die jugendlichen Zuhörer.

Gilda Petzold

Gilda Petzold, geboren 1962, studierte Journalistik an der Karl-Marx-Universität in Leipzig. Sie war mehrere Jahre freiberuflich als Redakteurin und Familienhelferin tätig. Von 1996 bis 2000 absolvierte sie ein Studium der Sozialarbeit/Sozialpädagogik in Berlin. Seit 2001 arbeitet sie als Sozialpädagogin in einem Berliner Kinder- und Jugendzentrum. Gilda Petzold ist Mitgründerin von Lesewelt e.V. und als derzeitige Vorsitzende des Vorstandes aktiv am Aufbau und der Entwicklung des Vereins beteiligt.

Schon als Kind hat sie Bücher regelrecht verschlungen. Diese Begeisterung für das Lesen konnte sie auch an ihre beiden Kinder weitergeben, die selbst als Jugendliche noch manchmal gern beim Vorlesen zuhören.

Carmen Stürzel

Carmen Stürzel, geboren 1964, hat nach einer Ausbildung zur Einzelhandelskauffrau zwei Jahre mit »Aktion Sühnezeichen Friedensdienste« in den USA verbracht. Während dieser Zeit arbeitete sie als *community organizer* in Boston und Pittsburgh und ehrenamtlich in verschiedenen Einrichtungen für Obdachlose. Von 1989 bis 1993 studierte sie Sozialarbeit/Sozialpädagogik in Berlin und war danach mehrere Jahre als Sozialarbeiterin tätig. Carmen Stürzel wurde 2000 mit einem Hauptpreis im Transatlantischen Ideenwettbewerb USable der Körber-Stiftung ausgezeichnet – und setzte ihre Idee dann in der Vorleseinitiative Lesewelt e.V. in Berlin um. Seit 2001 ist sie Projektleiterin von Lesewelt und sieht durch diese Arbeit Kinder- und Jugendliteratur mit ganz neuen Augen.

Kontakt

Informationen zum Transatlantischen Ideenwettbewerb USable und den bisher geförderten Ideen sowie aktuelle Ausschreibungsunterlagen erhalten Sie bei:

Transatlantischer Ideenwettbewerb USable
Körber-Stiftung
Kurt-A.-Körber Chaussee 10
21033 Hamburg
Tel.: 040 / 72 50 44 75
Fax: 040 / 72 50 39 22
E-Mail: usable@stiftung.koerber.de
Internet: www.usable.de

Ein Kurzporträt der Körber-Stiftung sowie das aktuelle Verlagsprogramm erhalten Sie auf Anfrage kostenlos bei der edition Körber-Stiftung:

edition Körber-Stiftung
Adresse siehe oben
Tel.: 040 / 72 50 43 56
Fax: 040 / 72 50 36 45
E-Mail: edition@stiftung.koerber.de
Internet: www.edition-koerber-stiftung.de

Demokratie lebt von gesellschaftlichem Dialog und gemeinsamer Suche nach Lösungen. Die Körber-Stiftung als Forum für Impulse will mit ihren Projekten Bürgerinnen und Bürger aktiv an gesellschaftlichen Diskursen beteiligen.

Die private und gemeinnützige Stiftung bietet ein Forum zur Mitwirkung in Politik, Bildung, Wissenschaft und internationaler Verständigung. Wer sich als Bürger in Wettbewerben und Gesprächskreisen der Stiftung engagiert, gewinnt auf vielfältige Weise: Er kann Wissen weitergeben, Probleme identifizieren und Aktivitäten anregen.

Die Körber-Stiftung leistet mit diesen Impulsen einen Beitrag zur Alltagskultur der Demokratie.

Ideas wanted!

Bildungsprojekte, Impulse für das Gesundheitswesen, Internet-Initiativen oder Anregungen für das Arbeitsleben – hier liegt eine wahre Fundgrube innovativer und pragmatischer Ideen aus den USA vor. Sie alle wurden eingereicht beim Transatlantischen Ideenwettbewerb USable, den die Körber-Stiftung seit 1998 ausschreibt.

Für die unterschiedlichsten Bereiche unserer Gesellschaft finden Interessierte konkrete Modelle für eigene Initiativen: »Adopt an idea!« lautet das Motto. Zugleich ist aber auch ein spannendes Lesebuch entstanden, das die Vereinigten Staaten einmal ganz anders präsentiert: nicht nur als ein riesiges Laboratorium für Innovationen und Ideen, sondern auch als Heimat engagierter Bürger und Bürgerinnen.

»Geht nicht, kann nicht, will niemand. Ideen abschmettern ist eine deutsche Leidenschaft. Ideen entwickeln hält Amerika aber fit. Diese 200 Vorschläge reichen von Renovierungshilfen für Nachbarn über Blinkleuchten vor Schulen bis zu hilfsbereiten Leihgroßeltern und gehören auf den Nachttisch jedes tatkräftigen Menschen, besonders wenn der Kommunalpolitiker ist.«
Die Zeit

Christine Brinck (Hrsg.)
mit Beiträgen von Karin Haist und Christine Koglin
ADOPT AN IDEA!
Gute Ideen aus den USA

208 Seiten, Softcover, 17 x 24 cm
ISBN 3-89684-032-0

€ 12

Unternehmen sozial

Ein Düsseldorfer Chemiekonzern unterstützt das private Engagement seines Angestellten für Behinderte, Hamburger Manager hospitieren in Aidsprojekten: Auch in Deutschland engagieren sich Firmen mitsamt ihren Beschäftigten für das Gemeinwohl. Ihre Zahl ist noch begrenzt – verglichen z. B. mit den USA. Dort gehört »Corporate Volunteering«, das bürgerschaftliche Engagement von Unternehmen, seit langem zur Wirtschaftskultur.

Dieser Band bietet nicht nur Einblick in die philanthropische Tradition amerikanischer Unternehmen. Erstmals wird ein umfassender Überblick über die sozialen Aktivitäten von Betrieben in Deutschland vorgelegt. Anschauliche Fallbeispiele und konkrete Handlungsanregungen zeigen, wie deutsche Unternehmen von Corporate-Volunteering-Programmen profitieren können.

Der Herausgeber wurde für seinen Beitrag zu Corporate Volunteering beim Transatlantischen Ideenwettbewerb USable der Körber-Stiftung ausgezeichnet. Dieter Schöffmann: »Ein positives Sozialimage fördert nicht nur den Umsatz, die Mitarbeiter gewinnen in ihren gemeinnützigen Einsätzen auch unverzichtbare soziale Kompetenz.«

Dieter Schöffmann (Hrsg.)
WENN ALLE GEWINNEN
Bürgerschaftliches Engagement von Unternehmen

168 Seiten, Softcover, 17 x 24 cm
ISBN 3-89684-033-9

€ 15

Uni – und dann?

Studium und Beruf: zwei Welten ohne Berührungspunkt? Häufig ohne Praxiserfahrungen und unsicher, wie sie ihr Wissen und ihre Studienqualifikationen auf die Erfordernisse des Berufslebens übertragen können, werden deutsche Hochschulabsolventen auf den Arbeitsmarkt entlassen. »Career Centers«, erprobte Einrichtungen an amerikanischen Universitäten – und prämiert im Transatlantischen Ideenwettbewerb USable der Körber-Stiftung –, könnten Abhilfe schaffen. Mit Vorträgen, Workshops und der Vermittlung von Praxiskontakten wird den Studenten dort früh Orientierung rund um das Berufsleben geboten.

Dieser Band liefert anschauliche Erfahrungsberichte, einen umfassenden Serviceteil und Diskussionsbeiträge prominenter Autoren aus Hochschule, Politik und Wirtschaft, darunter Gabriele Behler, NRW-Bildungsministerin.

»Ein Buch, das sowohl den Studierenden als auch den deutschen Hochschulleitungen zur Lektüre empfohlen wird, den einen zum Einstieg in die aktive Studienplanung, den anderen zur Auseinandersetzung mit einer hochschulpolitischen Herausforderung, an der sie in absehbarer Zeit ohnehin nicht vorbeikommen werden.«
Forschung & Lehre

Hans-Jürgen Puhle / Hans N. Weiler (Hrsg.)
CAREER CENTERS
Eine hochschulpolitische Herausforderung

170 Seiten, Softcover, 17 x 24 cm
ISBN 3-89684-035-5
€ 15